吉林大学
考古与艺术博物馆

馆藏文物丛书·瓷器卷

Jilin University

Museum of Archaeology and Art

Cultural Relics Series: Porcelain

吉林大学考古与艺术博物馆　编

唐　淼　主编

杨　平、陈秋丽　副主编

上海古籍出版社

前言

　　吉林大学考古与艺术博物馆是一座高校人文社科历史艺术类博物馆，成立于 2010 年，前身为 1955 年成立的吉林大学历史系文物室。文物室初创时期的藏品基本来自社会采购和有偿捐赠，著名古文字学家、文物鉴赏家于省吾先生从北京应约来吉大任教后，建议设立文物室用以辅助历史教学，得到时任校长匡亚明先生批准后多次赴北京为学校采购传世文物。著名国学学者、文物鉴赏家罗继祖先生从大连来吉林大学历史系任教后，将其祖父——近代收藏大家罗振玉先生的青铜器和甲骨等部分藏品有偿捐献给文物室。20 世纪 60 年代，著名考古学家张忠培先生主持吉林大学田野考古调查和发掘工作后，出土文物作为教学标本开始入藏文物室。此外，还有来自各文博考古机构调拨的文物，这些单位是：东北博物馆、甘肃省博物馆、陕西省博物馆、西安市文物管理处、吉林省文物考古研究所、黑龙江省文物考古研究所等（以上按调拨时间排序，单位名称均从当年名称）。吉林大学考古与艺术博物馆馆藏丰富，藏品数量居全国高校博物馆前列。文物藏品中传世文物以瓷器、青铜器、玉器、甲骨、钱币、玺印、佛像等尤为突出，出土遗物以左家山、西团山、田家坨子、汉书和白金宝等遗址出土的石器、骨器、陶器等考古品为代表，各类藏品均成系列，具有极为重要的科研价值和文化影响力。2020 年 7 月，吉林大学考古与艺术博物馆经改制后成为正处级建制单位，挂靠考古学院，形成文物保护、科学研究、人才培养与服务社会的优势架构。为更好地发挥高校博物馆教育与传承的使命，吉林大学考古与艺术博物馆精选馆藏汉唐至明清时期代表性瓷器，在近年学者研究的基础上，由考古与艺术博物馆和考古学院的师生共同编纂，

PREFACE

进一步分类描述、整合梳理、总结并深入研究，系统刊布吉林大学经年收藏的瓷器类文物研究成果，汇集而成《吉林大学考古与艺术博物馆馆藏文物丛书·瓷器卷》，与社会各界共享。

瓷器是古代中国的一项伟大发明，瓷器制作源远流长。早在商周时期，便开始烧制原始青瓷，至东汉时期，成熟的瓷器——青瓷得以烧成。魏晋南北朝时期，青瓷的烧造已经达到了很高的水平，北朝末期还出现了白瓷，为以后青花、五彩、粉彩等精细瓷器的出现提供了基础。隋唐时期制瓷业继续发展，逐渐形成了"南青北白"的瓷业生产格局。宋代是我国制瓷业发展的繁荣时期，各地窑厂林立，区域特色明显，不仅有汝窑、官窑、哥窑、钧窑、定窑五大名窑，还有磁州窑、耀州窑、景德镇窑、龙泉窑、建窑、吉州窑等窑系。元代景德镇瓷器生产迅猛发展，逐渐成为全国的制瓷中心，青花瓷已烧制成熟并大放异彩，还创烧了釉里红等瓷器品种。明清时期，景德镇御窑厂建立，创烧出青花五彩、斗彩、粉彩和多个颜色釉新品种，特别是清代康熙、雍正、乾隆三朝，在工艺技术和产量上都达到了前所未有的高度。瓷器是吉林大学考古与艺术博物馆馆藏文物的重要组成部分，本书从一千余件馆藏陶瓷器中精选了 125 件瓷器，将各个时期的代表性瓷器以图文并茂的方式展示于读者。这些瓷器年代涵盖了汉、晋、隋、唐、宋、元、明、清；窑口不仅有北方的邢窑、定窑、磁州窑、耀州窑，还有南方的越窑、景德镇窑、龙泉窑、漳州窑等；种类包含颜色釉瓷、釉下彩瓷、釉上彩瓷；器形囊括了碗、盘、盏、壶、罐、瓶、瓿、枕等，其中绝大多数为首次公开发表，对中国古代陶瓷研究，尤其是明清陶瓷研究具有一定参考意义。

编者 2021 年 7 月于长春

目 录

明 清

目 录

参考文献

汉　唐
HAN TANG

○○一 原始青瓷双系瓿

西汉

高 25 厘米，口径 11.7 厘米，腹径 28.5 厘米，底径 13 厘米

敛口，溜肩，鼓腹，下腹内收，平底。肩部置对称双系，上腹部饰三组弦纹。外壁施青釉至腹部。
类似器在江苏徐州翟山汉墓、山东微山县汉墓均有出土，故宫博物院也有收藏。

○○二 越窑青釉鸡首壶

晋

高 18.5 厘米，口径 7.8 厘米，腹径 18.5 厘米，底径 14 厘米

盘口，高颈，鼓腹，近底渐收，平底。流作鸡首形，相应的尾成圆条形柄，头尾前后对称，两侧装桥形系，上腹部饰两道弦纹。器身施青釉，底未施釉。

鸡首壶是西晋至唐初的饮器，其器形演进整体呈由矮胖到高瘦的趋势，最终被执壶代替。同类器见于浙江金竹村M1（太和二年）、江苏桃花山东晋墓。

越窑是我国古代南方青瓷主要窑址之一，位于今浙江上虞、余姚、绍兴等地。

○○三 越窑青釉虎子

西晋

通长 24 厘米，通宽 13.5 厘米，通高 18.5 厘米

器身呈茧形，虎口上仰，呈圆形。口沿饰两周凹弦纹，背部安置绳纹提梁，后贴尾纹，腹部两侧对称刻划羽翼纹，四兽足曲折卧伏，后部平底。底部无釉，余施青釉，上有细小开片。

同类器见于山东邹城刘宝墓。

三国两晋时期，越窑瓷器造型多样，善于把器形做成动物形象，如熊灯、鸟杯、蛙盂等，虎子便是这时期的代表器形之一。

○○四 青釉褐斑盖罐

东晋—南朝

通高 12.7 厘米，口径 17.1 厘米，底径 11.7 厘米

子母口，笠式盖，深弧腹，假圈足，平底。罐内满釉，罐外釉不及底，釉色青黄，釉面有开片，盖上饰褐斑。

○○五 青釉四系罐

隋唐

高 18.5 厘米，口径 7 厘米，腹径 16 厘米，底径 7 厘米

敛口，溜肩，椭圆腹，假圈足，平底。肩部有对称四系，腹中部外壁饰一条凸弦纹。胎质粗糙，胎色灰白。施青釉至腹下，釉色不均，有流釉现象，釉呈黄褐色，上有细小开片。

相似器在相州窑、中陈郝窑产品中均有见，隋墓中常出，如河北曲阳尉仁弘墓（612 年）。同类器也见于唐墓，如北京朝阳韩贞墓（744 年）、山西长治宋嘉进墓（792 年）。

〇〇六 黄釉执壶

唐

高 23.5 厘米，口径 6.5 厘米，底径 8.5 厘米

唇口，直颈，溜肩，长弧腹，平底。颈肩有两系，颈腹部贴附一柄，肩部有一短直流与柄相对，流上饰弦纹，器身饰跳刀席纹。口沿及下腹部露胎，施黄釉至腹下，釉下施化妆土，釉面有细小开片。

同类器如河北邢台旅馆唐墓 M4：1，窑口可能是寿州窑或定窑。

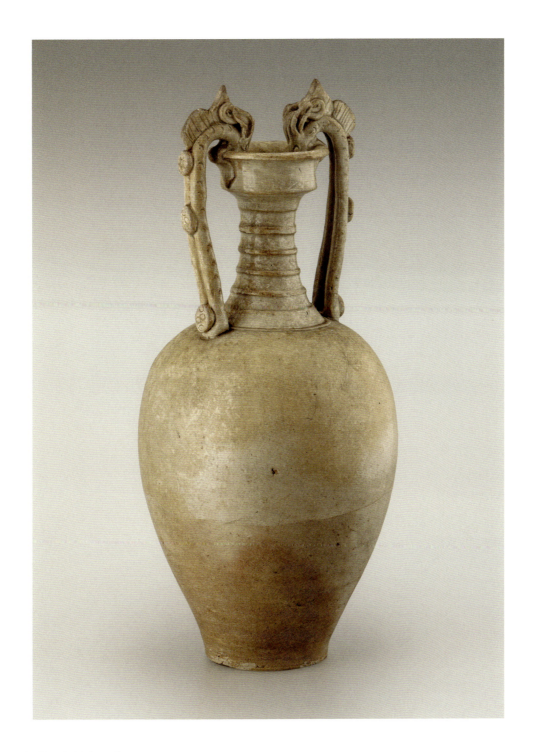

○○七 白釉双龙柄盘口壶

唐

高 44 厘米，口径 9 厘米，腹径 20.5 厘米，底径 9.5 厘米

盘口，口沿外翻，竹节状细长颈，溜肩，椭圆腹，下腹内收，平底向外微撇。颈部饰七道凸弦纹，双龙柄。胎色黄中泛红。施白釉至腹下，釉色白中泛黄。

同类器见于河南洛阳张文俱墓（670 年）、陈晖墓（670 年），主要流行于7 世纪后半叶，可能是巩义窑的产品。

○○八 邢窑白釉兔形双系罐

唐

高 17 厘米，口径 10 厘米，腹径 19 厘米，底径 10.5 厘米

撇口，短颈，丰肩，鼓腹，假圈足，平底。肩上附兔形双系。胎质细腻。外底不施釉，器内外均施白釉，上有细小
开片。

相似器在陕西西安李俦墓（736 年）、河南洛阳关林镇唐墓中有见。

邢窑盛产白瓷，是唐代著名瓷窑，位于今河北省内丘县城关、临城县祁村一带，始烧于北朝，兴盛于隋唐时期，五
代时期逐渐衰落。

宋　元
SONG YUAN

〇〇九 酱釉盏

北宋

高 4.6 厘米，口径 12.4 厘米，足径 3.9 厘米

撇口，圆唇，斜弧腹渐收，圈足。胎色泛黄。内壁施黑釉，上有酱斑，外壁施酱釉，圈足无釉。

○一○ **黑釉酱斑双耳盖罐**

北宋

通高 16.5 厘米，口径 8.9 厘米，腹径 14 厘米，足径 6.5 厘米

笠式盖，宽折沿，花边，盖上饰四竖凸棱，圆饼盖纽。罐直口，粗直颈，圆肩，双耳，鼓腹，圈足。胎色白中泛黄。通体施黑釉，釉不及底，上有酱斑。

河北观台磁州窑、河南洛阳涧河两岸宋墓出土过同类器。

○一一 吉州窑黑釉剪纸贴花兔毫盏

南宋

高 6 厘米，口径 11.6 厘米，足径 3.5 厘米

口微敛，斜弧腹渐收，小圈足。胎色白中泛黄。通体施黑釉，底足露胎，内壁饰三个剪纸贴花，釉面有明显的银色兔毫。

江西吉安永和窑遗址出土过同类器。

吉州窑是宋代著名民窑，窑址在今江西省吉安县永和镇，也称"永和窑""吉安窑""东昌窑"。创烧于唐代，宋元时期有了较大发展。黑釉器是吉州窑最具特色的品种，其上多伴有木叶纹、玳瑁斑、剪纸贴花等。

○一二 青白釉暗花碗

南宋

高 4.5 厘米，口径 15.2 厘米，足径 6 厘米

敞口，浅弧腹，圈足。外壁饰等距的数道凸弦纹，内底有一圈凹弦纹，内饰暗花。通体施青白釉，有细小开片，芒口，外底无釉。

器形与湖田窑 A 型 V 式青白釉芒口浅腹碗接近。

采用覆烧法烧造的瓷器，因口沿无釉，露出胎骨，称为芒口。

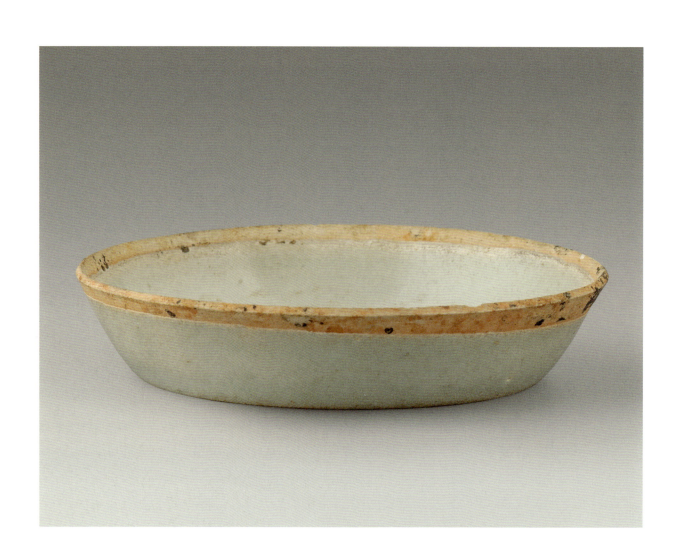

○一三 湖田窑青白釉刻花碟

南宋

高 2.9 厘米，口径 13.8 厘米，底径 10.6 厘米

敞口，斜弧腹，平底。内底刻划忍冬纹。胎色泛红。通体施青白釉，芒口。

此器与湖田窑址 Aa 型芒口碟一致。

忍冬俗称"金银花"，陶瓷装饰中的忍冬纹为最早出现的缠枝纹，通常是三个叶瓣和一个叶瓣互生于波曲状茎蔓两侧的图案，魏晋南北朝时期较为流行，唐代以后逐渐被卷枝纹（卷草纹）替代。

○一四 青釉魂瓶

宋

高 29.5 厘米，口径 7.5 厘米，腹径 14 厘米，底径 8.5 厘米

盖呈宝塔形，上饰七条凹弦纹，盖沿处堆塑动物纹样。瓶为子母口，短颈，溜肩，长鼓腹，下腹内收，平底。肩部堆塑不同形态的动物及人物形象，其下方饰一周附加堆纹，腹部饰八组竖弦纹。

江西上饶电厂宋墓、福建将乐龙灯山M1出土过同类器。

魂瓶又称"谷仓罐""堆塑罐"，是一种流行于我国古代南方地区的随葬器物。

〇一五 龙泉窑青釉刻花五管瓶

宋

高 28.5 厘米，口径 8 厘米，腹径 17 厘米，足径 11.5 厘米

笠式盖，盖面饰篦划纹，盖沿为花瓣形。瓶直口，短颈，长圆腹，分为四段，圈足。腹部以凹弦纹为界分为四层，第一层为素面，第二至四层饰重瓣仰莲纹，第二段饰流状五管，管口为花口。器身施青釉，足底未施釉。

故宫博物院、龙泉青瓷博物馆等博物馆均有同类藏品。龙泉青瓷博物馆藏五管瓶内有墨书"张氏五娘五谷仓柜上应天宫下应地中荫子益孙长命富贵"，说明此器名为"五谷仓柜"，为随葬明器。

龙泉窑是我国南方最大的民间瓷窑，位于今浙江省龙泉市，南宋为极盛时期，至元代有了较大发展，明代中期以后逐渐走向衰落。

○一六 定窑刻花螭纹洗

宋

高 5.6 厘米，口径 15.8 厘米，底径 13.6 厘米

敞口，深直腹略斜，近底处旋削内收，下接平底。口沿内外及内底各饰回纹一周，内底中心刻划螭纹。此器采用覆烧法，芒口，金属釦，余满釉，釉色白中微泛黄。外底刻"仲虞"二字，为釉上刻款，字口填红，"仲虞"二字涵义不明。

宋代五大名窑之一的定窑，位于今河北省曲阳县涧磁村和东、西燕山村，北镇村及野北村一带，始烧于唐代，宋代达到巅峰，金代以后逐渐衰落。

〇一七 定窑印花翼龙纹盘

宋金

高4厘米，口径20.5厘米，足径6厘米

撇口，斜腹下部折收，圈足。内壁饰六条等距的纵向细凸弦纹，内底模印翼龙纹，龙作展翅飞翔状，头大，颈、尾细，无角，无爪，无鳞。通体施白釉，芒口镶铜边，足跟刮釉，釉色白中微泛黄。

翼龙纹又称"应龙纹""飞龙纹"，多见于明清青花瓷，定窑瓷中饰翼龙者十分少见。

○一八　黑釉弦纹瓶

宋金

高 35.5 厘米，口径 6.5 厘米，腹径 21.5 厘米，足径 11.5 厘米

小口，平唇，短颈，溜肩，橄榄形腹，圈足。口沿略残，肩至上腹部有多圈弦纹。胎色白中带黄。器身施黑釉，釉不及底。

河北义县清河门辽墓、观台磁州窑出土过同类器。

○一九 黑釉酱彩长颈瓶

宋金

高 16.5 厘米，口径 8 厘米，腹径 9 厘米，足径 6 厘米

撇口，卷唇，喇叭颈，丰肩，斜弧腹渐收，梯形侈足。胎色白，微泛黄。施黑釉至下腹部，上有油滴状酱斑。
山西临猗双塔寺北宋地宫（1069 年）出土过同类器。

○二○ 耀州窑青釉刻花碗

金

高 6.5 厘米，口径 18.6 厘米，足径 5.6 厘米

敞口，圆唇，斜弧腹渐收，圈足。外沿下饰一周凸弦纹，内底刻划折枝莲瓣纹。胎色发红。通体施青釉，圈足刮釉露胎。

同类器在重庆荣昌窖藏、山西蒲津渡遗址等处有见。

耀州窑位于今陕西铜川，是北方著名的青瓷产地。创烧于唐代，烧瓷品种丰富，五代、宋代以烧制青瓷为主，金代青瓷得以继续发展，至元代青瓷逐渐衰落。

○二一 定窑白釉印花盘

金

高 2.3 厘米，口径 15.2 厘米，底径 11 厘米

敞口，圆唇，斜直腹，平底。内壁饰一周回纹及花卉纹，内底模印花卉纹。通体施白釉，芒口，釉色白中泛黄。

〇二二　钧釉碗

元

高 8 厘米，口径 18.3 厘米，足径 6.5 厘米

口微敛，弧腹渐收，小圈足。胎体厚重，胎骨粗，呈深灰色。器内满施天青釉，器外施釉不及底，底足露胎。
同类器见于内蒙古集宁路遗址。

○二三 湖田窑青白釉刻划莲瓣纹碗

元

高 6.3 厘米，口径 14.7 厘米，足径 4.7 厘米

撇口，斜弧腹，圈足。外壁暗刻双层莲瓣纹，碗内饰划花芦雁纹。胎色白中泛黄。通体施青白釉，芒口，圈足内未施釉。此器与湖田窑址 A 型 Ⅳ 式覆烧深腹碗相似。

○二四 磁州窑白地黑花葵花纹罐

元

高 27 厘米，口径 17.4 厘米，腹径 28.5 厘米，足径 13 厘米

口微敛，圆唇，短颈，丰肩，鼓腹，下腹内收，圈足。肩部及腹部绘黑彩葵花纹，以三周弦纹相隔。胎色灰黄，上施化妆土。器身施白釉，足底无釉，釉色白中泛黄。

该类罐在元代窖藏、墓葬、遗址中经常出土，如北京良乡镇元代窖藏、内蒙古开鲁县大有庄窖藏、济南市陈家庄 M1。

磁州窑是宋代北方民窑，位于今河北省磁县观台镇及彭城镇一带，是北方宋、金时期烧瓷品种最为丰富的瓷窑，以白地黑花装饰最具特色，具有浓郁的民间生活气息。

○二五 磁州窑白地黑花四系瓶

元

高 26.5 厘米，口径 5.5 厘米，腹径 12.5 厘米，足径 9 厘米

口微敞，圆唇，直颈，溜肩，肩部附四条形系，橄榄形腹，厚圈足。肩部以黑彩绘双圈粗弦纹，腹部绘变体草叶纹。
胎色发黄。口沿及下腹部施黑釉，余施白釉，圈足无釉。
山东淄博临淄区元墓、天津十四仓遗址出土过同类器。

〇二六 磁州窑白地褐花梅瓶

元

高 28.5 厘米，口径 5 厘米，腹径 18.5 厘米，足径 11.5 厘米

撇口，厚圆唇，短细颈，圆肩，长腹，圈足外撇。肩部以褐彩绘花叶纹带，腹部饰折枝花纹。胎色灰黄，上施化妆土。器身施白釉，釉不及底，釉色白中泛黄。
北京良乡窖藏、房山大峪沟村出土过同类器。

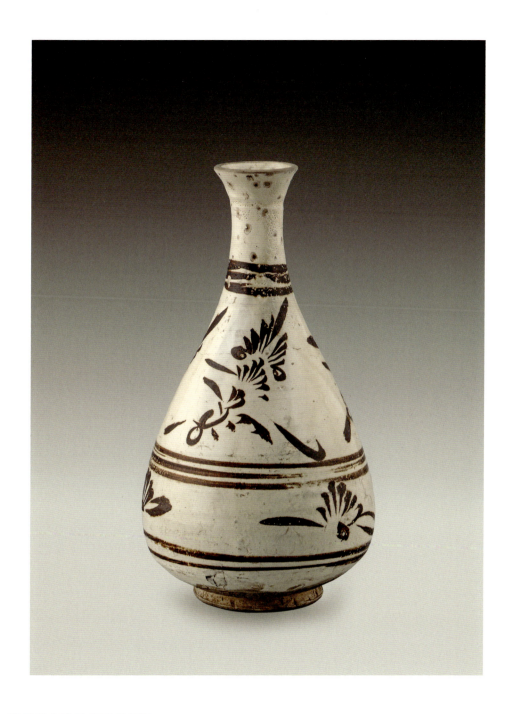

○二七　磁州窑白地黑花玉壶春瓶

元

高 27 厘米，口径 5.3 厘米，腹径 15.5 厘米，足径 8.2 厘米

喇叭口，细长颈，溜肩，垂腹，圈足。颈部、腹中部和近足处均以黑彩绘条纹数道，肩腹部以黑彩绘两组花草纹。胎色灰白。器身施白釉，釉不及底，口沿和圈足内均未施釉。

山西太原南坪头M3 出土过同类器。

玉壶春瓶始见于宋代，由宋人"玉壶先春"一词而得名。元代玉壶春瓶的特点为细颈、瘦腹，风格较为秀巧。宋至元代玉壶春瓶用作酒器，明清时期渐变为陈设瓷。

○二八 磁州窑白地黑花诗文枕

元

通长 31 厘米，通宽 16 厘米，通高 14.5 厘米

整体呈长方形箱体，枕面四边出檐，中部下凹。白地黑花枕面绘四重方框，内绘菱形开光，开光内题曲牌《迎仙客》一首："来得迅速去得疾，郎来去恍然如梦蝶，来减人镜中颜，去添人头上雪，春去春来，老了胧（疑为'庞'字之误）儿也。"开光两侧各绘花朵二枝，叶子蜷卷。枕前开光内绘竹枝，后端开光内绘折枝牡丹，两侧开光内饰团花，边饰为卷草。枕底无釉，中部戳印长条形"张家造"款识，款为莲花座，荷叶盖。枕墙一侧有烧成时排气的圆形穿孔一枚。灰白色胎，乳白色釉，胎釉间施白色化妆土。

河北邯郸峰峰矿区、磁县上潘汪、磁县观台窑址等地点出土有同类器。

明　清
MING QING

○二九　磁州窑白地黑花"金榜题名"罐

明

高 17 厘米，口径 11.3 厘米，腹径 16.5 厘米，足径 8 厘米

大口微敛，短颈，圆肩，长弧腹，圈足。肩部以黑彩绘潦草花叶纹，腹部以黑彩书"金榜题名"四字，四字间填绘花卉。胎色灰黄，胎釉间施白色化妆土。釉色白中泛黄，施釉不及底。

○三○ 白地黑花诗文罐

明

高 32 厘米，口径 11 厘米，腹径 30 厘米，底径 14 厘米

撇口，圆唇，短颈，溜肩，圆鼓腹，下腹内收，饼足。口沿处涂黑彩；肩部黑彩绘双弦纹、变体植物纹、双弦纹；腹部以黑彩题诗文，间饰变体花卉纹，诗文内容为："当今天子重英豪，常把文章教而（尔）曹。世上万般皆下品，思量微（惟）有尽（读）书高。千家诗。天街小雨闰（润）如苏（酥），草色遥看近却无。最是一年春好处，绝声（胜）烟柳满皇都。飞秀。"腹下部饰多周凸弦纹。胎色棕黄，外壁施白釉，足底露胎。

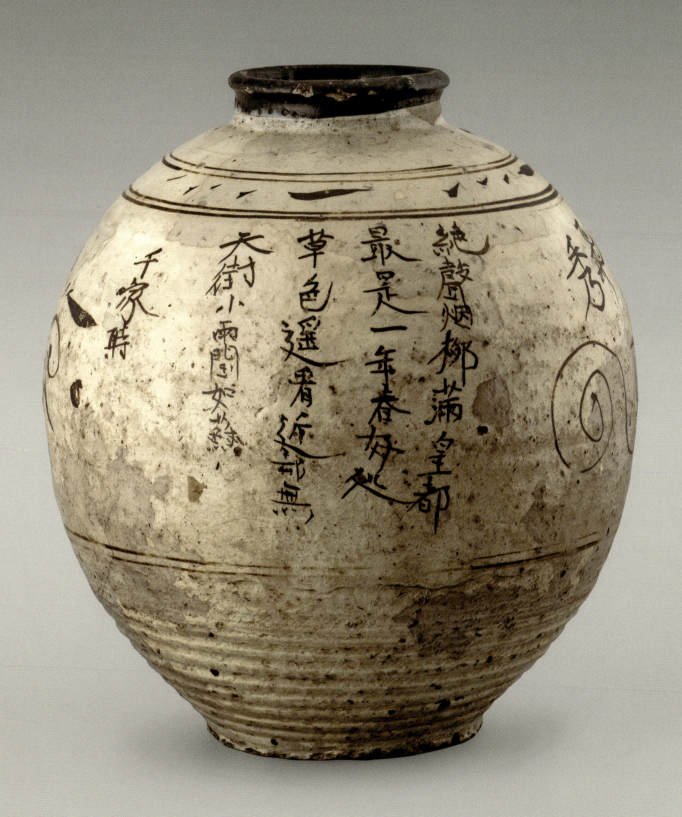

○三一 黑釉剔刻鱼纹双系罐

明

高 54 厘米，口径 13.2 厘米，腹径 34.5 厘米，底径 16 厘米

撇口，圆唇，短直颈，溜肩，鼓腹，平底。颈肩部贴附两个宽条形系，系面刻划沟槽数道。肩部以细线刻划双鱼纹；上腹部以弦纹分割成两个单元，其内剔地装饰缠枝阔叶大花；下腹部有多道明显的凸弦纹。灰黄色粗瓷胎。口部及底部无釉，余施黑釉。

芝加哥富地博物馆藏有"洪武三十年"铭同类器，德国柏林东亚艺术博物馆藏有"正德"铭同类器。

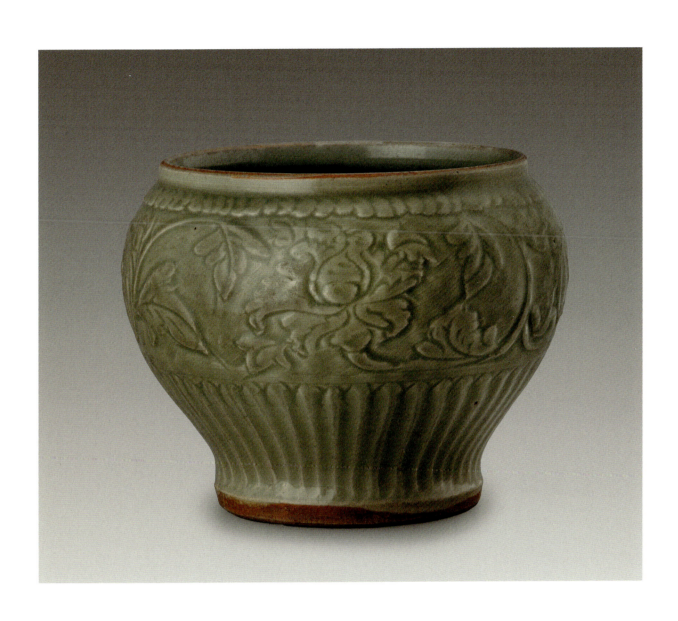

○三二 龙泉窑青釉刻花罐

明

高 20 厘米，口径 21.5 厘米，腹径 26.5 厘米，足径 16 厘米

广口，圆唇，鼓腹，下腹内收，圈足，器底为二次套接。肩部刻绘竖向云纹边饰一周，腹部剔刻缠枝牡丹纹，胫部刻绘仰莲瓣纹。胎质细腻。圈足和内底均未施釉，余施青釉，釉色青中闪灰，釉色莹亮。

○三三 **龙泉窑青釉印花盘**

明

高 10 厘米，口径 41.5 厘米，足径 19.5 厘米

敞口，折沿，浅腹，浅圈足。折沿处饰几何纹，内壁饰缠枝花卉纹，内底印折枝花卉纹。胎体厚重。器内外施青釉，通体开片，足底未施釉，圈足内有火石红。

○三四 龙泉窑青釉筒式三足炉

明

高 19 厘米，口径 26.5 厘米，底径 11.2 厘米

广口，平唇，筒状腹，下承三蹄足，折底斜向下。外沿下饰凹弦纹两周，外壁剔刻缠枝花卉纹。通体施青釉，釉面有开片，釉色匀亮。

○三五 龙泉窑青釉网纹三足炉

明

高 11 厘米，口径 22.5 厘米，腹径 27.5 厘米，底径 8 厘米

敛口，平唇，圆弧腹，下承三兽面足，饼形底。外沿下饰弦纹两周，腹部刻划网格纹，其间有反"S"纹。胎体厚重，质地略粗。外壁施青釉，釉色偏黄，内壁及外底均未施釉。

○三六 德化窑白釉筒式三足炉

明

高 9.5 厘米，口径 10.8 厘米，底径 10.8 厘米

直口，平唇，筒状腹，平底，下承如意云头状三足。胎色白中泛红。器身施白釉，釉色白中闪黄，质地温润，内底及足内侧未施釉。

德化窑位于今福建省德化县，宋元时期已烧制青白瓷，明代主烧白瓷。德化窑白瓷胎质致密，透光度极其良好，釉色纯净，色泽光润明亮。

○三七 德化窑白釉贴塑花口杯

明

高 7.4 厘米，口径 10.6—13.8 厘米，足径 5.3 厘米

海棠花式敞口，斜腹，卧足。外壁浮雕梅花、松树、梅花鹿和龙纹。造型别致，立体感强。胎色白，胎质坚。通体施白釉，圈足刮釉露胎。

〇三八 漳州窑"玉堂佳器"款米黄釉竹节炉

明

高 16.3 厘米，口径 20.1 厘米，底径 18.6 厘米

大口，平唇，竹节状腹，平底，下承如意云头状三足。通体施白釉，釉色莹亮呈米黄色，釉面布满细小开片，纹如冰裂。外底心施釉，青花双框内书"玉堂佳器"篆书款。

"玉堂佳器"为民窑瓷器吉语款，出现于明万历时期，在晚明的青花瓷上较为常见。

漳州窑是对明清时期漳州地区窑业的总称，是中国外销瓷的重要产地之一，位于今福建省漳州地区。

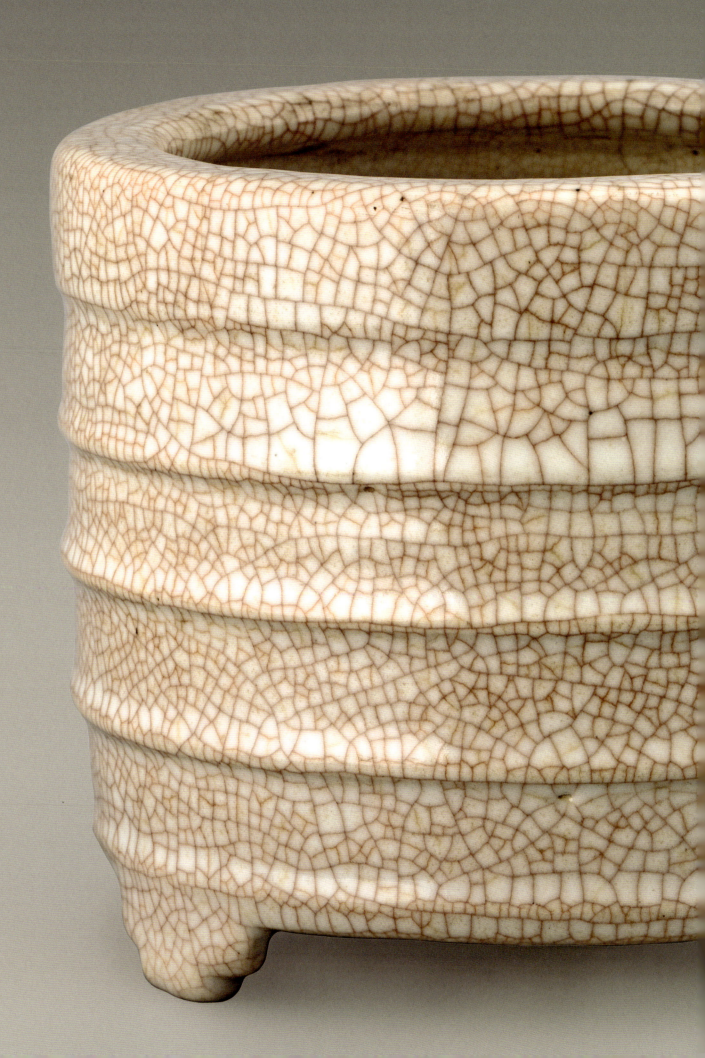

○三九 白釉暗刻把莲纹盘

明宣德

高 6.2 厘米，口径 31.2 厘米，足径 22.5 厘米

敞口，圆唇，斜弧腹渐收，浅圈足。内壁饰缠枝花卉纹，内底暗刻把莲纹。器身施白釉，足底无釉，胎质细腻，有火石红。

○四○ 宣德款仿哥釉鸡心碗

明宣德

高 8.5 厘米，口径 16 厘米，足径 4.1 厘米

敞口，深腹，内底下凹，外底凸出似鸡心状，小圈足。通体施白釉，釉面呈米黄色，以开片为装饰，开片纹路泛粉红色。外底青花双圈内书"大明宣德年制"六字双行楷书款。

"大明宣德年制"六字楷书款在宣德款识中最为多见，既有横排又有竖排，落款位置也无定则，器心、器底、口沿、器肩、器腹、里壁、碗盖等处皆可见，有"宣德年款遍器身"的说法。其中"德"字沿用汉碑中的古体，少"心"字上面一横。

鸡心碗流行于明永乐、宣德时期，清雍正、乾隆时期多有仿制。

○四一 宣德款青花缠枝花卉纹盘

明宣德

高 6.2 厘米，口径 38 厘米，足径 29 厘米

敞口，圆唇，浅弧腹，宽圈足。通体饰青花，内沿绘回纹，外沿绘缠枝灵芝纹，内外壁及内底绘缠枝莲花、牡丹、菊花等纹样。外壁花卉间书"大明宣德年制"横排楷书款。圈足内未施釉，胎质细腻，有火石红。釉色白中泛青，青花发色浓艳，可见黑褐色结晶斑。

明永乐、宣德时期是中国青花瓷生产的黄金时代。宣德青花瓷造型丰富，胎体厚重，胎釉精细，青花浓艳，纹饰优美，其烧造技术达到了中国青花瓷的高峰。清朱琰《陶说》云："（宣德窑）此明窑极盛时也。选料、制样、画器、题款，无一不精。青花用苏泥勃青。至成化，其青已尽，只用平等青料，故论青花，宣窑为最。"

○四二 青花缠枝纹花口盘

明宣德

高 7.5 厘米，口径 37.9 厘米，足径 25 厘米

折沿，菱花口，弧腹，圈足。通体饰青花，内沿绘缠枝灵芝纹，内、外壁绘折枝牡丹、菊花、茶花等纹样，内底绘缠枝牡丹、莲花等纹样，均以两道与菱花口对称的曲线纹间饰，足墙饰弦纹两道。圈足内未施釉，胎质细腻。青花发色浓艳，可见黑褐色结晶斑。

此器为景德镇官窑器，其纹饰、造型与故宫博物院藏明宣德青花花口盘相似。

明宣德时期所用青花原料有三种：一种是进口的"苏麻离青"（"苏泥勃青"）料，色闪黑蓝或深蓝，凝聚处可见自然形成的黑褐色结晶斑；一种是国产料，发色清淡，蓝色不稳定，纹饰容易模糊不清；一种以"苏麻离青"料渲染为主，以国产料轻描为辅，二者合用，发色明快，浓淡相间，纹饰层次分明。

○四三 青花把莲纹盘

明宣德
高 6 厘米，口径 33.6 厘米，足径 25 厘米

敞口，圆唇，弧腹，宽圈足。通体饰青花，口沿绘卷草纹，盘壁绘缠枝牡丹、菊花、茶花等，盘心青花双圈内绘把莲纹，外壁近足处绘回纹一周。圈足内未施釉，胎质细腻。青花发色浓艳，局部有铁黑色的结晶斑。

此器为景德镇官窑器，其纹饰、造型与天津博物馆、首都博物馆藏明宣德青花把莲纹盘相同。

将折枝莲花、莲叶和莲蓬用锦带扎成束状，称为"束莲纹"，又叫"把莲纹"，始见于宋代耀州窑青瓷的印花纹饰，有一把莲、二把莲、三把莲之分。明永乐、宣德时期的青花盘心较为盛行一把莲纹。

○四四 宣德款青花缠枝莲纹罐

明宣德

高 34.8 厘米，口径 24.8 厘米，腹径 42 厘米，底径 25.5 厘米

直口、短直颈、丰肩、圆腹下内收、平底。通体饰青花，颈部绘卷草纹，肩部及腹部近底处分别绘覆莲瓣纹、仰莲瓣纹各一周，腹部主体纹饰为缠枝西番莲纹。肩部以青花书"大明宣德年制"横排楷书款。胎质洁白，釉色白中泛青，青花发色浓艳，可见黑色结晶斑点。外底无釉，可见大片火石红和十字交叉的垫烧痕。

宣德青花瓷的花卉纹图案以缠枝花、折枝花为主，其中尤以缠枝莲和宝相花为多见。

○四五 青花海水白龙纹天球瓶

明宣德

高 41 厘米，口径 9.5 厘米，腹径 35 厘米，底径 17 厘米

口微敞，长颈，鼓肩，球腹，平底。口沿下饰一周卷草纹，其下通体以青花水波纹为地，衬托一条白色游龙，游龙鬃毛飘拂，爪有三趾，以阴线在胎体上刻划细部。颈部有修补痕迹，釉色白中泛青，瓶底无釉。

此器纹饰、造型与故宫博物院藏明宣德青花海水白龙纹天球瓶基本相同。

天球瓶因其圆腹似球而得名，其造型仿自叙利亚铜器，是受西亚文化影响的器形之一。明永乐时景德镇窑创烧，宣德器较永乐器略粗放，以后明代各朝少见。清雍正、乾隆时较为流行，多署本朝年款。官窑底足施釉，民窑底足多无釉。

○四六 青花携琴访友图梅瓶

明天顺

高 31.5 厘米，口径 5.5 厘米，肩径 18 厘米，足径 11 厘米

小口，卷唇，短颈，丰肩，深腹，腹部渐收，圈足。通体饰青花，肩部钱纹锦地上开光，内绘折枝牡丹纹，腹部绘高士携琴访友图，胫部绘成排的蕉叶纹。胎体厚重，釉色青白，局部有釉裂，圈足无釉。

此器为典型的明代空白期民窑青花作品。类似器在故宫博物院也有收藏。

明代正统、景泰、天顺三朝战争频繁，政局动荡，景德镇瓷业也深受影响，因未见官窑款瓷器，烧瓷面貌不清，被称为瓷器史上的空白期。所见皆为民窑产品，胎、釉制作不精细，削足亦不规整，足宽而深，釉色白中闪青，纹饰布局疏朗。

〇四七 弘治款白地暗刻绿彩云龙纹盘

明弘治

高 4.6 厘米，口径 20.5 厘米，足径 12.2 厘米

撇口，浅弧腹，圈足。通体施白釉，内底暗刻祥云及单龙纹，外壁暗刻海水波涛及双龙纹。龙纹明显下凹，纹饰处剔
去白釉，填涂绿彩，入窑低温烧成。外底青花双圈内书"大明弘治年制"六字双行楷书款。釉色白中泛青，釉中布满密
集的小气泡。

此器釉面肥腴滋润，色调柔和，龙纹纤细舒展，轻盈秀逸。其纹饰、造型与故宫博物院藏明弘治白地暗刻海水绿彩云
龙纹盘基本一致，后者有绿彩弦纹边饰。

○四八 正德款黄釉碗

明正德

高 9 厘米，口径 19.2 厘米，足径 7.9 厘米

口微撇，腹部宽深，圈足。通体施黄釉，圈足内施白釉，釉面肥厚，外观端正。外底青花双圈内书"大明正德年制"
六字双行楷书款。

此器大小、形制、釉色与故宫博物院藏明正德黄釉碗基本相同。

明正德年间烧制的瓷碗在当时声誉很高，有"正德碗"之称。其中典型的口沿外撇、腹部宽深者，被称为"宫碗"。
纯正的低温黄釉瓷创烧于明初，以弘治时期的娇黄釉最负盛名，正德时色调比弘治时略深，胎亦加厚。因"黄"与
"皇"谐音，黄色成为皇家尊贵的象征，明清两代黄釉瓷器只有皇家才能使用。

○四九 青花翼龙纹盘

明正德

高 6 厘米，口径 31.7 厘米，足径 19.5 厘米

敞口，浅弧腹，圈足。通体饰青花，色泽青中偏灰，内外壁各绘四条翼龙，头尾相逐，腾飞于祥云海浪之间；盘心祥云海浪中绘两条翼龙，龙头相对，张口吐舌。龙翼似蝙蝠，无爪。圈足内施白釉。

此器与故宫博物院藏明正德青花翼龙纹盘的纹饰基本一致，唯翼龙数量不同。明代中后期尤其是正德时期翼龙纹最为流行。

○五○ 嘉靖款黄釉盘

明嘉靖

高 2.8 厘米，口径 17.4 厘米，足径 9.9 厘米

撇口，弧腹，圈足。通体施黄釉，圈足内施白釉。外底青花双圈内书"大明嘉靖年制"六字双行楷书款。

黄色是明代宗庙祭器的重要颜色。据《大明会典》载：明洪武九年（1376 年），定"方丘黄色"，即黄釉器为祭祀地神之用。

〇五一 嘉靖款青花花鸟纹大盘

明嘉靖

高 10 厘米, 口径 55.8 厘米, 足径 33 厘米

敞口微撇, 弧腹, 圈足内敛。通体饰青花, 以双弦纹为边饰, 内底绘石榴树, 枝头有双鸟和鸣, 内壁绘缠枝菊花、西番莲、牡丹等纹样, 外壁绘折枝菊花和石榴各两组。圈足足跟有火石红, 砂底无釉, 有明显的跳刀痕。外壁口沿下有长方形双框, 内书 "大明嘉靖年制" 横排楷书款。胎体厚重, 器形硕大, 青花色调浅淡, 纹饰繁密有序。

○五二 嘉靖款青花麒麟纹小碟

明嘉靖

高 2 厘米，口径 13.8 厘米，足径 6.5 厘米

敞口，斜弧腹，浅平底，圈足。通体饰青花，口沿包铜，内底和外壁绘麒麟纹，内壁绘卷草纹，以双弦纹为间饰。外底青花双圈内书 "大明嘉靖年制" 六字双行楷书款。

嘉靖青花尚浓，官窑器多采用回青料为主色，色泽浓翠艳丽，蓝中泛紫。

麒麟是中国古代传说中的瑞兽，麟凤龟龙 "四灵" 之一，其状龙首、麋身、马腿、牛尾，全身有鳞甲，被视为吉祥的象征。麒麟纹作为瓷器装饰首见于元代景德镇窑作品。

〇五三 青花鼓形带孔笔插

明嘉靖

高 11 厘米，腹径 14 厘米，足径 13.5 厘米

整体呈鼓形，直腹，顶面微凸，镂三个圆孔和一个长方形孔，中心为馒头状凸起井台，井台中空，圈足。通体饰青花，盖面绘仙鹤祥云纹，井台绘覆莲纹，腹部上端饰竖条状纹，下端饰花卉纹，中部主题纹饰为折枝寿桃。青花颜色浓艳泛紫，白砂底无釉。

此器造型与故宫博物院藏明嘉靖青花鱼藻纹五孔水盂基本一致，其中心孔用于插笔。

嘉靖青花除以色泽取胜外，造型和品种也更加多样，多为文具、餐具盘碗。由于嘉靖皇帝崇奉道教，嘉靖时期瓷器上的纹饰也多具道教色彩，盛行八仙、八卦、八宝、云鹤、桃鹤、松竹梅、道教符咒等图案和"福""寿"等吉祥文字。

○五四 万历款青花云鹤鱼藻纹大碗

明万历

高 14.6 厘米，口径 33 厘米，足径 15 厘米

撇口，深弧腹，圈足。通体饰青花，内口沿绘仙鹤祥云纹；内底仙鹤祥云纹外环饰如意云头纹；外壁绘游鱼、水草、浮萍，鱼戏水草之中，形态各异，怡然自得；近足处绘仰莲瓣纹；足墙饰卷草纹。外底青花双圈内书"大明万历年制"六字双行楷书款。器形硕大，纹饰生动，寓意吉祥。

○五五 万历款青花翼龙八宝纹碗

明万历

高 3.4 厘米，口径 11 厘米，足径 5.2 厘米

撇口，弧腹，浅圈足。通体饰青花，内底绘翼龙纹和海涛纹，外壁绘莲托八宝纹，以双弦纹为边饰。外底青花双圈内书 "大明万历年制" 六字双行楷书款。

八宝纹也称 "八吉祥纹"，通常指藏传佛教用以象征吉祥的八件器物：法轮、法螺、宝伞、白盖、莲花、宝瓶（罐）、金鱼、盘长结。

○五六 万历款青花梵文莲花形盘

明万历

高5.6厘米，口径19厘米，足径5.7厘米

主体为模制，由双层莲瓣组成，每层十六瓣，形如一朵盛开的重瓣莲花，圈足较高。薄胎。通体饰青花，内壁下凹绘双钩垂云纹，盘心平坦，在两周如意云纹内书梵文；外壁的上层莲瓣内，以折枝花卉间隔梵文装饰，近足处饰变体莲纹一周。外底青花双圈内书"大明万历年制"六字双行楷书款。

此器纹饰、造型、款识与故宫博物院藏明万历青花梵文莲瓣盘完全相同。

○五七 万历款青花竹石百雀纹罐

明万历

高 36 厘米，口径 20 厘米，腹径 32 厘米，足径 22 厘米

撇口，短颈，圆肩，长圆腹，圈足。通体饰青花，颈部绘缠枝花草纹，腹部绘竹石、百雀、云纹、花草。足跟刮釉，外底青花双圈内书"大明万历年制"六字双行楷书款。

〇五八 "大明历（'万'字误）历年制"款青花云龙纹缸

明万历

高 27 厘米，口径 50.3 厘米，底径 33 厘米

平口，方唇，深腹斜直，平底。通体饰青花，发色浓艳。口沿及近足处均饰双弦纹，腹部绘五爪双龙戏逐于祥云之间，姿态飞扬跳脱。外底无釉，可见火石红。外壁可见横竖两排锔钉。口沿外侧书 "大明历历年制" 横排楷书款，为 "大明万历年制" 错款，极为罕见。

○五九 万历款青花五彩穿花龙凤纹瓴

明万历

高 26.4 厘米，口径 6.8 厘米，腹径 15 厘米，底径 14 厘米

喇叭口残失，磨口后以铜镶边，粗长颈，扁圆腹，高座，玉璧底。通体青花五彩装饰，颈部及座饰双龙戏珠，腹部饰四凤穿牡丹，座底端起台，足底心内凹处施釉，其余部分无釉。外底青花双圈内书"大明万历年制"六字双行楷书款。胎体厚重，釉面莹洁，色调浓艳，纹饰繁密。

万历五彩器素负盛名，几乎全是青花五彩，构图饱满，常用色彩为红、黄、绿、赭、紫、孔雀蓝和釉下蓝彩，尤其突出红色，加之釉面乳白莹润，其色彩对比十分强烈，给人以浓艳华丽之感。

〇六〇 万历款青花五彩缠枝莲花纹三足炉

明万历

高 14 厘米，口径 24.5 厘米

折沿，短直腹，双附耳微撇（一耳为后配），平底，下承三如意云头足。器内施白釉，器外青花五彩装饰。耳上以矾红彩饰边，内绘花卉纹，口沿绘缠枝卷草纹，腹部绘缠枝莲花纹，足面绘折枝莲花纹。外底中心施白釉，青花双圈内书"大明万历年制"六字双行楷书款。胎体厚重，色彩鲜艳。

类似器在故宫博物院也有收藏。

○六一 青花高士图葫芦瓶

明崇祯

高 34.5 厘米，口径 4.7 厘米，腹径 20 厘米，足径 11 厘米

葫芦形，撇口，圆唇，束颈，圈足。通体饰青花，自上而下依次绘郁金香、山水流云芭蕉人物、大叶团花和腹部主题纹饰高士图。此瓶为 17 世纪上半叶荷兰印度公司在景德镇定烧的外销产品。

崇祯时期仍有大量青花瓷外销，西方订货以葡萄牙、西班牙、荷兰等国为主。郁金香为当时荷兰人出样定制的纹饰，常见于瓶颈、器腹和盘边。

高士图特指人物图画中以文人雅士情趣生活为题材的一种装饰纹样，常见于青花瓷和斗彩瓷上。

○六二 青花花鸟纹觚

明崇祯

高 18.3 厘米，口径 8.5 厘米，底径 6.1 厘米

敞口外撇，筒式腹，近足处略外撇，二层台状足。器腹上下端分别阴刻缠枝花草和变形蕉叶纹饰带，腹部以青花绘花鸟、蝴蝶、流云等。足际露胎，白砂底细润。青花淡雅，纹饰疏朗，画工细致。

觚是我国古代饮酒器，元、明、清时，仿青铜觚瓷质花瓶较流行，称为"花觚"，为插花用陈设瓷。

○六三 青花云龙纹带盖梅瓶

明末

高 28.5 厘米, 口径 5 厘米, 腹径 16.5 厘米, 足径 11 厘米

小口, 覆钟式盖, 宝珠纽, 短颈, 丰肩, 长腹中束, 下腹近底处外撇, 圈足。通体饰青花, 盖顶绘荷叶纹, 盖外壁绘折枝花卉及云纹; 瓶颈部绘蕉叶纹, 肩部绘如意云头纹, 腹部主题纹饰为双龙纹, 下腹部绘双麒麟纹。圈足无釉, 胎色白中泛黄, 胎质较粗。

○六四 "玉堂佳器"款 "柴进簪花入禁院"纹青花盘

明末清初

高 4 厘米，口长 15 厘米，底长 12.8 厘米

方形，宽平沿外展，圆唇，折页状足。通体饰青花，宽沿上饰毯形锦地，以四枚白色乳钉间隔；盘内四壁绘花卉湖石，内底绘《水浒传》第七十二回"柴进簪花入禁院"的场景；外四壁绘行龙纹。外底平坦，刮釉一周，中间双线方框内书"玉堂佳器"楷书款。青花蓝中泛灰，晕染明显。

○六五 青花缠枝菊花纹提梁桶

明末清初

高 18 厘米，口径 11.5 厘米，腹径 13 厘米，足径 11 厘米

口微敛，双节筒腹，矮圈足，横梁呈弧形。器内施白釉，内底有粗糙的小点状凸起。器外饰青花，外横梁上绘缠枝花卉纹，纵横梁绘草叶纹，外壁绘缠枝菊花纹。青花淡雅，造型小巧。

这种提梁桶出现于明末天启时期，为茶道用瓷。

〇六六 康熙款淡绿釉暗花双螭纹盏托

清康熙

高 1.5 厘米，口径 12.8 厘米，足径 10 厘米

撇口，浅腹，圈足，整体呈圆盘形，盘中心有托口以承盏。器内外均施淡绿釉，内底暗刻双螭纹。圈足内施白釉，胎质细腻。外底青花双圈内书"大清康熙年制"六字双行楷书款。

此器造型秀雅，釉色润莹。成套者见故宫博物院藏清康熙淡绿釉暗花螭纹杯碟。

〇六七 康熙款豇豆红釉暗刻团螭纹太白尊

清康熙

高 8.4 厘米，口径 3.4 厘米，足径 12.7 厘米

小口微撇，短颈，溜肩，马蹄形腹，圈足。器身施豇豆红釉，颈部釉色浅淡呈苹果绿，腹部暗刻团螭纹三组，相间排列。器里和外底施白釉。外底以青花书"大清康熙年制"六字三行楷书款。

此器造型精致规整，釉色柔美悦目，为康熙官窑的精品之作。同类器中国国家博物馆、陕西历史博物馆也有收藏。

豇豆红釉是一种呈色多变的高温颜色釉，为清康熙时铜红釉的名贵品种，烧成难度极大，只有官窑少量生产，且无大件器物，多为文房用具，仅供皇室内廷使用。太白尊实际上是文房用具水丞，又名"渔父尊""太白坛""鸡罩尊"，因模仿唐代诗仙李太白的酒坛而得名。

○六八 仿宣德款霁红釉僧帽壶

清康熙

高 20 厘米，口径 10.5 厘米，腹径 14 厘米，足径 8 厘米

口沿上翘，前低后高，鸭嘴形流，束颈，鼓腹，曲柄，柄两端为如意云头形，圈足。内壁口部施红釉，其下施白釉；外壁施红釉，口沿、柄、颈肩交接处等露白；圈足内施白釉。外底以青花书"大明宣德年制"六字双行楷书款。

此器以宣德僧帽壶为样本烧制而成，胎质细腻，釉质逼肖。壶盖缺失，壶身与故宫博物院藏清康熙仿宣德款霁红釉僧帽壶完全一致。在造型上，宣德器的颈部轮廓线更为流畅秀气，康熙仿品的颈部则近直筒形，略显笨拙。

僧帽壶的形制始见于元代，因壶口形似藏传佛教僧侣所戴僧帽而得名。

○六九 茄皮紫釉暗花荷柳纹笔筒

清康熙

高 13.1 厘米，口径 11.3 厘米，足径 10.5 厘米

口微撇，方唇，筒状腹，浅圈足外撇。器身施茄皮紫釉，腹部暗刻荷花柳叶纹，腹下饰三道凸弦纹。内外底均未施
釉，胎色白中泛黄。

茄皮紫釉是一种以锰为着色剂的低温釉，铁和钴起调色作用。始见于宋代，成熟于明代，清代前期较为流行，釉色深
浅有别。

○七○ 康熙款青花西厢记故事图折沿碗

清康熙

高 9.2 厘米，口径 20 厘米，足径 8.6 厘米

敞口，宽折沿上斜，深弧腹，圈足。通体饰青花，内口沿万字锦地上有四个海棠花形开光，开光内分别饰折枝牡丹、莲花、菊花、梅花四季花纹；内底绘五子夺魁图；外口沿饰菱形锦地，腹壁主题纹饰为《西厢记》中"探病传简""临期反约"等场景。外底青花双圈内书"大清康熙年制"六字双行楷书款。青花浓淡相宜，画工生动精致。

《西厢记》故事图流行于元至清代，常见瓷器画《西厢记》故事画面有"佛殿奇逢""寺警""请宴""赖婚""传简""酬简""长亭送别""妆台报喜"等。

○七一 康熙款青花团凤纹杯

清康熙

高 3.3 厘米，口径 6.9 厘米，足径 3.1 厘米

敞口，弧腹，圈足。外壁绘青花团凤纹三组，外底青花双圈内书"大清康熙年制"六字双行楷书款。

康熙官窑器的图案花纹较为正统，主要有龙、凤、云鹤、缠枝莲、山水、花卉等，团龙、团凤、团鹤是当时的特殊表现手法。

凡呈圆形的图案谓团花，流行于清代康熙、雍正、乾隆三朝，是中国传统纹饰之一。常见的有团龙纹、团凤纹、团螭纹、团鹤纹、团花果纹、团花鸟纹、团花蝶纹、团喜纹、团寿纹等。

○七二 康熙款青花盏托

清康熙

高 1.9 厘米，口径 11.6 厘米，足径 9 厘米

撇口，斜直腹，圈足。内底中心起台，台周围绘青花缠枝西番莲纹，青花发色浓艳。外底青花双圈内书"大清康熙年制"六字双行楷书款。

○七三 "康熙辛亥中和堂制"款青花釉里红盆花碗

清康熙

高 15.4 厘米，口径 37 厘米，足径 17.5 厘米

敞口，弧腹较深，沟槽形圈足内低外高。器形硕大厚重。碗内底绘盆花牡丹，外壁绘盆花茶花、牡丹、荷花、菊花、梅花和蝴蝶。以青花绘花盆、花叶、蝴蝶，以釉里红绘花朵。外底青花双圈内书"康熙辛亥中和堂制"八字四行楷书款。通体釉色发青，青花、釉里红颜色较淡。

青花釉里红，俗称"青花加紫"，是在同一件瓷器的釉下，用钴料和铜红料绘制花纹，高温一次烧成，青花和釉里红同时呈现于一器。由于钴料与铜红料发色温度要求不同，将二者成功地装饰于同一器上难度很大。自元、明至清，景德镇御窑厂和民窑均有烧造，清雍正时期烧制的最为成功。

中和堂是康熙皇帝在圆明园的住所。"中和堂制"瓷并非一般的堂名款器，而是康熙早期的官窑产品，见青花釉里红碗、盘、盆、碟等器物。署"辛亥""壬子""癸丑"干支纪年款的，分别为康熙十年（1671年）、十一年（1672年）、十二年（1673年）制。

○七四 豆青釉地青花釉里红凤尾尊

清康熙

高 43.8 厘米，口径 21.2 厘米，腹径 19.5 厘米，足径 13.8 厘米

喇叭口，粗长颈，圆肩，弧腹渐收至近足处外撇，二层台式圈足。通体施豆青釉，外壁以青花釉里红绘松柏骏马图，外底绘青花树叶画押款。

此器造型与故宫博物院藏清康熙青花八仙图凤尾尊相同，为康熙中后期制作，颈、肩转折明显，腹下束腰，造型曲线一波三折。

凤尾尊又称"凤尾瓶""花觚"，因腹下部至底足向外撇开、略似凤尾而得名。

〇七五 釉里三彩山水笔筒

清康熙

高 16.5 厘米，口径 18.5 厘米，底径 18.5 厘米

直口，平唇，筒状腹，玉璧底。器内施白釉，外壁绘青花、釉里红、豆青三色山水图。玉璧底心施白釉，余刮釉。
釉里三彩是清康熙朝创烧的一种高温釉下彩品种，以氧化钴、氧化铜、氧化铁为着色剂，集青花、釉里红、豆青三种
色彩于一器，为康熙朝所特有。以官窑器为多见，器物多为盘、笔筒、罐和瓶等。

○七六 康熙款青花五彩龙凤纹碗

清康熙

高 6.2 厘米，口径 13 厘米，足径 5.8 厘米

撇口，弧腹较深，圈足。通体青花五彩装饰，碗心青花双圈内绘行龙赶珠纹，龙作侧立式，龙身施红彩；外口沿绘串珠八宝和灵芝头；腹部绘龙凤戏珠纹两组，两龙一红一绿，空隙处绘火云及缠枝花卉纹。外底青花双圈内书"大清康熙年制"六字双行楷书款。

此器造型端庄，胎质洁白，青花淡雅，五彩鲜艳，笔法工整。同类器故宫博物院也有收藏。这种五彩龙凤纹碗为宫廷用瓷，是康熙朝典型的官窑器，之后各朝都有沿袭此风格的器物。

○七七 五彩仙人瑞鹿纹菊瓣口盘

清康熙

高 4.5 厘米，口径 26 厘米，足径 15.8 厘米

菊瓣花式敞口，浅弧腹，矮圈足。器体轻薄，胎质精细。器内外施白釉，内口沿绘五彩纹饰带，依次绘红色莲花、太极、黄色莲花，并以锦地菱形相间。盘内底绘二女子，一女手持葫芦，葫芦仙气中浮一红色游龙；一女执杖，杖首蟠曲，系一红色灵芝；松树下有一鹿回首前行。

此器画面疏朗飘逸，色调明而不艳。类似器见故宫博物院藏清康熙五彩仙女献寿图盘。

○七八 仿正德款斗彩云龙纹碗

清康熙

高 7 厘米，口径 16 厘米，足径 7.5 厘米

撇口，深腹，近足处内折，圈足。器内外均施白釉，以青花双弦纹为边饰，内底绘斗彩云龙纹一组，外口沿绘青花回纹一周，外壁绘斗彩云龙纹两组。外底青花双圈内书"正德年制"四字双行楷书款。

○七九 康熙款斗彩团花纹碗

清康熙

高 5.8 厘米 , 口径 13.8 厘米, 足径 5.2 厘米

口微撇，深弧腹，圈足。内底青花双圈内以绿彩绘团状花草，外壁口沿下和足墙各饰青花弦纹两周，腹部斗彩绘团花五朵，以上下对称的折枝石榴间隔，近足处斗彩装饰一周仰莲瓣纹。釉上彩以绿彩为主，点缀红、黄等彩。外底青花双圈内书"大清康熙年制"六字双行楷书款。

此器形体规整，呈色淡雅。同类器故宫博物院也有收藏。

○八○ 康熙款斗彩十二月花卉纹杯（水仙）

清康熙

高 4.9 厘米，口径 6.5 厘米，足径 2.7 厘米

撇口，深腹，圈足。胎薄玲珑，白釉莹润，形如仰钟，通体透光。外壁斗彩绘湖石水仙，旁以青花小楷题写诗句"春风弄玉来清昼，夜月凌波上大堤"，诗句左下有"赏"字篆书方章。外底青花双圈内书"大清康熙年制"六字双行楷书款。十二月花卉纹杯始于清康熙年间，一套十二只，形制、大小相同，每只杯子按一年十二月中的某月各绘一种应时花卉，并题相应唐诗诗句，诗句尾部均有一个"赏"字篆书方章。该器将绘画、诗词、书法、篆印结合在一起，做工精妙，在康熙瓷中较为名贵。

○八一 康熙款斗彩十二月花卉纹杯（菊花）

清康熙

高 4.9 厘米，口径 6.6 厘米，足径 2.7 厘米

撇口，深腹，圈足。胎薄玲珑，白釉莹润，形如仰钟，通体透光。外壁斗彩绘湖石菊花，旁以青花小楷题写诗句"千载白衣酒，一生青女香"（选自唐罗隐《菊》），诗句左下有"赏"字篆书方章。外底青花双圈内书"大清康熙年制"六字双行楷书款。

中华大地幅员辽阔，流传的十二月令花也因地而异。故宫博物院藏五彩十二月花卉纹杯分别是：一月水仙、二月玉兰、三月桃花、四月牡丹、五月石榴花、六月荷花、七月兰草、八月桂花、九月菊花、十月芙蓉、十一月月季、十二月梅花。

○八二 雍正款黄釉刻划缠枝花卉纹盘

清雍正

高 3.1 厘米，口径 14.7 厘米，足径 9.5 厘米

敞口，弧腹，内底浅平，宽圈足。外壁刻划缠枝花卉纹。通体施黄釉，圈足内施白釉。外底青花双圈内书 "大清雍正年制" 六字双行楷书款。

明清时期的黄釉瓷都是官窑器，民间绝无使用。从清代的典章制度看，黄釉瓷器专属宫廷用器。据《国朝宫史》载：全黄釉器属皇太后、皇后的用具，皇贵妃用白里黄釉器，贵妃、妃用里白外黄地绿龙器，嫔用里白外蓝地黄龙器。贵人和常在不用黄色器，贵人用里白外绿地紫龙器，常在用里白外五彩红龙器。

○八三 雍正款霁蓝釉盘

清雍正

高 3.3 厘米，口径 16.2 厘米，足径 10.4 厘米

敞口，弧腹，圈足。器身内外均施霁蓝釉，灯草边，足跟露胎，圈足内施白釉。外底青花双圈内书"大清雍正年制"六字双行楷书款。

色釉瓷器口边有一圈白线，其形若灯草，故名"灯草边"，或称"灯草口"。

霁蓝釉又称"祭蓝釉"，因明代用于宗庙祭祀而得名。据《大明会典》载，明洪武九年（1376 年）定四郊各陵瓷器颜色，"圜丘青色，方丘黄色，日坛赤色，月坛白色"，以蓝釉瓷祭天（明、清时人常把"蓝"称为"青"），黄釉瓷祭地，红釉瓷祭日，白釉瓷祭月。祭祀当中使用最广的祭器即为四色瓷盘。

○八四 孔雀蓝釉瓶

清雍正

高 43.2 厘米，口径 12.7 厘米，腹径 20 厘米，足径 12 厘米

撇口，长颈，丰肩，橄榄腹，浅圈足。圈足露胎，胎质细腻。通体施孔雀蓝釉，器身有细小开片，外底施白釉，釉色白中泛黄。

○八五 雍正款青花莲托八宝纹碗

清雍正

高 6.7 厘米，口径 14.6 厘米，足径 5.1 厘米

敞口，深弧腹，圈足。通体饰青花，外壁口沿下和足墙各绘弦纹两周，腹部绘八宝纹和折枝莲花纹，近足处绘仰莲瓣纹。外底青花双圈内书"大清雍正年制"六字双行楷书款。

○八六 雍正款青花缠枝芭蕉纹碗

清雍正

高 5.5 厘米，口径 12 厘米，足径 4.2 厘米

敞口，深弧腹，圈足。通体饰青花，内外口沿下绘双弦纹，内底青花双圈内绘芭蕉团花一朵，外壁绘缠枝芭蕉纹，近足处绘仰莲瓣纹。外底青花双圈内书"大清雍正年制"六字双行楷书款。

○八七 雍正款青花描金银碟

清雍正

高 2.8 厘米，口径 11 厘米，足径 6.7 厘米

撇口，弧腹，圈足。通体施透明釉，釉下青花，釉上描金银彩。口沿描金，以青花弦纹为边饰，内壁绘青花缠枝莲花、菊花及牡丹，空白处描金；内底及外壁绘青花缠枝莲花纹，空白处描银；圈足描银。外底青花双圈内书"大清雍正年制"六字双行楷书款。胎质细腻，造型精巧。

○八八 雍正款黄地绿彩婴戏纹碗

清雍正

高 7 厘米，口径 15 厘米，足径 6 厘米

撇口，斜弧腹渐收，圈足。胎薄，胎质细腻。器内施黄釉，圈足内施白釉，白中泛青。外壁以黄釉为地，上绘绿彩，口沿下绘云纹，腹部绘八子婴戏图，衬以松树、远山，并淡刻云纹，近足墙处绘莲瓣纹。外底青花双圈内书"大清雍正年制"六字双行楷书款。

○八九 雍正款白地矾红彩缠枝花卉纹盘

清雍正

高 3 厘米，口径 14.5 厘米，足径 9.2 厘米

敞口，斜腹渐收，圈足。通体施白釉，以矾红彩在外壁满绘缠枝莲纹，在外口沿和足墙各绘双弦纹一周。外底青花双圈内书"大清雍正年制"六字双行楷书款。

〇九〇 雍正款白地矾红彩缠枝灵芝纹盘

清雍正

高 2.8 厘米，口径 11 厘米，足径 6.7 厘米

敞口，浅弧腹，圈足。通体施白釉，以青花双弦纹为边饰，以矾红彩在内底绘折枝灵芝纹，在外壁绘缠枝灵芝纹，足墙饰青花回纹一周。外底青花双圈内书"大清雍正年制"六字双行楷书款。

此器胎体细薄，釉色莹洁，颜色夺目而不失秀雅。

○九一 仿成化款斗彩鸳鸯莲池纹碗

清雍正

高 6 厘米，口径 12 厘米，足径 4.5 厘米

敞口，弧腹渐收，圈足。以青花双弦纹为边饰，内底斗彩绘束莲纹，外壁斗彩绘鸳鸯莲池纹。外底青花双圈内书"大明成化年制"六字双行楷书款。

○九二 仿成化款斗彩花卉纹盘

清雍正

高 4.6 厘米，口径 20.3 厘米，足径 13 厘米

敞口，浅弧腹，圈足。以青花双弦纹为边饰，内壁斗彩卷草纹内绘红色灵芝五朵及各色龙纹五个，内底绘湖石、灵芝盆景，外壁斗彩绘折枝灵芝四朵。外底青花双圈内书"大明成化年制"六字双行楷书款。

○九三　雍正款斗彩寿山福海纹碗

清雍正

高 6 厘米，口径 14.4 厘米，足径 5 厘米

敞口，弧腹渐收，圈足。以青花双弦纹为边饰，内底斗彩绘山石、五蝠、海涛、仙桃组成的"寿山福海"图案；外壁绘四组八只蝙蝠、四组八个仙桃，其中四个仙桃内书"寿"字。外底青花双圈内书"大清雍正年制"六字双行楷书款。

寿山福海纹是清雍正斗彩瓷器中的常见纹饰之一。

○九四 雍正款斗彩寿山福海纹盘

清雍正

高 3.1 厘米，口径 15.6 厘米，足径 10 厘米

敞口，弧腹，圈足。以青花双弦纹为边饰，内底斗彩绘山石、五蝠、海涛、仙桃组成的"寿山福海"图案；外壁绘四组八只蝙蝠、四组八个仙桃，其中四个仙桃内书"寿"字。外底青花双圈内书"大清雍正年制"六字双行楷书款。

○九五 粉彩人物菱口盘

清雍正

高 3.5 厘米，口径 27.3 厘米，足径 15 厘米

菱花式敞口，宽折沿，浅腹，圈足。宽折沿分成八等份，以黄彩线条分成八个开光，开光内以粉彩绘四组菊花和四组玉兰，图案相间分布，菊花为松石绿釉锦地，玉兰为胭脂红釉锦地。内底绘《西厢记》中"琴心写恨"的场景。

○九六 乾隆款冬青釉剔刻缠枝牡丹纹碗

清乾隆

高 21 厘米，口径 26.5 厘米，足径 11.3 厘米

敞口，弧腹渐收，圈足。通体施冬青釉，灯草边，以牡丹纹为主纹，器内为刻花，器外为剔花。内底饰牡丹一朵，内外壁饰缠枝牡丹纹，内口沿和足墙各饰回纹一周，外口沿饰卷草纹一周。圈足露胎，胎色白。外底以青花书"大清乾隆年制"六字三行篆书款。

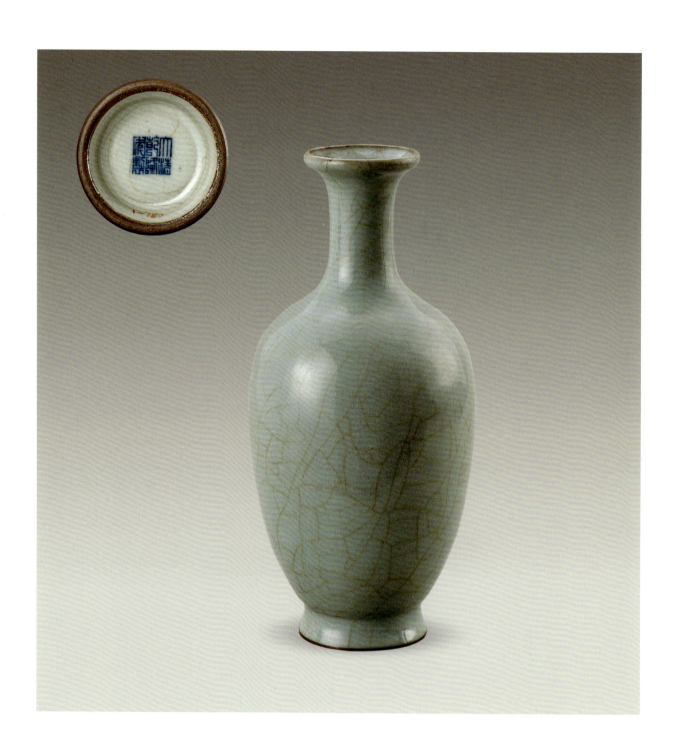

○九七 乾隆款仿汝窑青釉长颈瓶

清乾隆

高 21.8 厘米，口径 5.1 厘米，足径 5.8 厘米

撇口，圆唇，长直颈，圆肩，长弧腹，圈足外撇。通体施青釉，有开片，圈足无釉呈紫红色。外底以青花书"大清乾隆年制"六字三行篆书款。

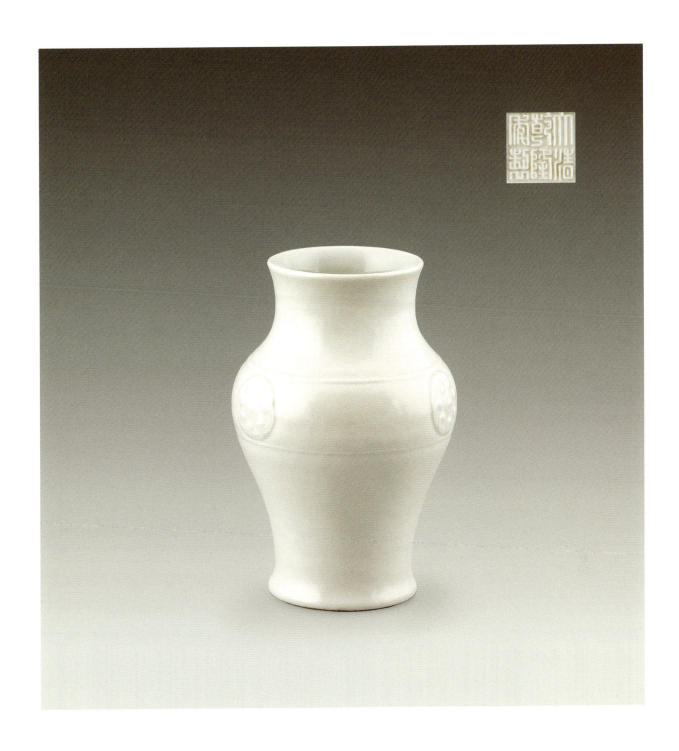

○九八 乾隆款仿定窑白釉印花瓶

清乾隆

高 10.5 厘米，口径 4.8 厘米，腹径 8 厘米，足径 4.5 厘米

撇口，短粗颈，圆肩，鼓腹渐收，圈足外撇。器身施白釉，圈足刮釉。肩腹处上下各饰一道凸弦纹，其间印三组相间
排列的凸团花纹。外底模印"大清乾隆年制"六字三行篆书款。

○九九 乾隆款窑变釉贯耳瓶

清乾隆

高 30 厘米，口长 11.2×8.6 厘米，腹长 21×16.5 厘米，足长 12.5×10 厘米

整体呈四方体，口微敞，颈部两侧饰贯耳，腹部下垂，两面分饰杏圆凸起，下承方足。通体施窑变釉，釉汁丰腴斑斓，红蓝两色，交织相融，灿若火焰。外底模印"大清乾隆年制"六字三行篆书款，外罩酱釉。

贯耳瓶器形源自上古青铜器，清乾隆时期，高宗皇帝好古成癖，贯耳瓶因其端庄古朴的造型而得到乾隆帝的喜爱，当时景德镇御窑厂因此烧造了大量釉色相异、器形有别的贯耳瓶供乾隆帝赏玩。

一〇〇 青花高足盘

清乾隆

高 26.5 厘米，口径 19 厘米，足径 16.5 厘米

撇口，浅弧腹，竹节状细高柄，覆钵形台状足。通体饰青花，内沿绘如意云头纹，内底绘五蝠捧寿纹，外腹壁绘缠枝
牡丹纹。柄部纹饰分为多层，自上而下依次为：如意云头、缠枝牡丹、串枝花、蕉叶、缠枝牡丹、变体莲瓣、覆莲、如
意云头。覆钵绘缠枝牡丹纹，足端绘卷草纹。

此器造型奇特，工艺精巧，纹饰繁密，青花发色浓艳，是典型的乾隆官窑青花瓷器。其器形、纹饰与英国国立维多利
亚与艾伯特博物馆藏清康熙唐英款青花缠枝莲纹烛台、中国国家博物馆藏清乾隆唐英款青花缠枝纹花觚相似，推断此
器可能用作佛前供器。

一〇一 乾隆款青花云鹤纹爵杯

清乾隆

通长 11.5 厘米，通高 11.7 厘米

造型仿青铜爵杯，流尖尾翘，口部中间有两柱，腹部一侧有柄，平底，下承三尖足。通体饰青花，两柱绘蕉叶纹，外腹部绘云鹤纹，以几何纹为间饰，足部绘缠枝花卉纹。外底书"乾隆年制"四字双行篆书款。

此器造型古雅，绘工精致，一般有与之配套的托盘，主要为陈设品和祭祀用器。同类器故宫博物院也有收藏。

一〇二 "庆宜堂制"款青花釉里红八仙图碗

清乾隆

高 6 厘米，口径 13 厘米，足径 5.5 厘米

撇口，尖唇，弧腹渐收，圈足。以青花双弦纹为边饰，内底以青花绘寿星、梅花鹿和云头，以釉里红绘海涛纹；外壁以青花绘八仙人物，以釉里红满绘海涛纹。外底青花双线方框内书"庆宜堂制"楷书款。

此器纹饰、造型、款识与故宫博物院藏清乾隆青花釉里红八仙碗完全相同。

器物上直接画八仙人物的，为"明八仙"；装饰图案上隐去八仙人物，只画出八仙手中的宝物的，称"暗八仙"，亦称"仙家八宝"。"八仙过海""八仙祝寿""八仙捧寿"等为明清时期常见的装饰题材。

"庆宜堂制"为清雍正、乾隆、嘉庆、道光年间景德镇瓷器堂名款。

一〇三 乾隆款黄地紫绿彩福寿纹大盘

清乾隆

高 7.5 厘米，口径 45 厘米，足径 23.9 厘米

宽折沿，弧腹，圈足，器形硕大。器身施黄釉，釉上施绿彩和茄皮紫彩，圈足内施白釉。内壁纹饰分四重：中心绘团寿纹，围以五只蝙蝠和五朵莲花，作两重向心式排列，寓意"五福捧寿"；盘壁绘莲托八宝纹；折沿绘交相排列的八个团寿纹和八组夔龙纹。外壁有序排列三组折枝桃花果纹和蝙蝠纹。外底以青花书"大清乾隆年制"六字三行篆书款。

一〇四 白地矾红彩藏草瓶

清乾隆

高 21.5 厘米，口径 3.1 厘米，腹径 10 厘米，足径 12 厘米

圆唇外凸，长直颈，中部有算珠状凸起，圆腹束胫，至足外展，覆钵形圈足。通体施白釉，自瓶口至足跟依次以矾红彩绘宽条带纹、回纹、散点五瓣梅花花朵、覆莲瓣纹、仰莲瓣纹、如意云头纹、变形覆莲瓣纹、折枝西番莲纹、蕉叶纹、宽条带纹、覆莲瓣纹、窄条带纹。

此器与故宫博物院、天津博物馆藏清乾隆白地矾红彩藏草瓶完全相同。

藏草瓶亦称"甘露瓶"，是清朝廷为西藏僧侣特别烧制的礼佛陈设器，用其盛水或插草。据许之衡《饮流斋说瓷》载，藏草瓶"惟乾隆有之，嘉、道数代，藏僧既罕来朝，此式遂不复制"。

一〇五 仿木釉桶

清乾隆

高 17.9 厘米，口径 19.2 厘米，足径 17.2 厘米

广口，筒腹，器壁直下连接圈足。通体施仿木釉，釉面匀净，以赭褐彩绘木材纹理年轮，腹中间和近底处以绿彩绳纹仿木盆的箍圈各一道。

类似器故宫博物院也有收藏。

仿木釉亦称"木纹釉"，是利用两色釉彩仿制木器纹理的釉上彩。唐代已经出现，流行于清雍正朝，乾隆朝时更加逼真。

一〇六 乾隆款斗彩团花纹盖罐

清乾隆

高 12.5 厘米，口径 5.6 厘米，腹径 11.5 厘米，足径 6.2 厘米

直口，圆形无纽盖，溜肩，鼓腹，下腹内收，圈足。通体斗彩装饰，盖面绘并蒂菊，盖身绘串枝莲花纹；肩周、腹底青花点彩变体如意云头纹各一周，腹部绘团菊纹八组，上下错落，以折枝莲花间隔。外底以青花书"大清乾隆年制"六字三行篆书款。

类似器故宫博物院也有收藏。

一〇七 乾隆款粉彩四季花卉纹瓶

清乾隆

高 21.5 厘米，口径 6.5 厘米，腹径 16.5 厘米，足径 10.5 厘米

撇口，圆唇，束颈较粗，丰肩，鼓腹，胫部略外撇，圈足。瓶内满施松石绿釉，口沿及足沿描金，颈部紫地粉彩绘西番莲纹，肩部饰如意云头纹，腹部白地粉彩绘牡丹、莲荷、菊花、梅花四季花卉，胫部紫地粉彩绘莲瓣纹。外底施松石绿釉，正中留白，以矾红彩书"大清乾隆年制"六字三行篆书款。

此器为典型的乾隆官窑粉彩器，中国国家博物馆藏有完全相同的粉彩瓶。瓶上绘四季花卉，流行于清代，寓意四季平安。

一〇八 嘉庆款霁红釉盘

清嘉庆

高 4.3 厘米，口径 20.6 厘米，足径 13.1 厘米

口微撇，弧腹，内底浅平，宽圈足。器身施霁红釉，釉面较厚，灯草边，圈足内施白釉。外底以青花书"大清嘉庆年制"六字三行篆书款。

霁红釉又称"祭红釉"，因明代用于宗庙祭祀而得名。

一〇九　嘉庆款青花赏瓶

清嘉庆

高 37 厘米，口径 9.5 厘米，腹径 24 厘米，足径 12.5 厘米

撇口，细长颈，圆鼓腹，圈足外撇。通体饰青花，自瓶口至足跟依次绘海水纹、如意云头纹、蕉叶纹、回纹、缠枝花卉纹、如意云头纹、凸弦纹、缠枝花卉纹、仰莲瓣纹、卷草纹。外底书"大清嘉庆年制"六字三行篆书款。

此器造型规整，纹饰典雅，画工精致，与故宫博物院藏清嘉庆款青花缠枝莲纹赏瓶完全相同。

一一〇 嘉庆款淡描青花杂宝纹盘

清嘉庆

高 5.5 厘米，口径 20.3 厘米，足径 11 厘米

敞口，斜弧腹，内底下凹，高圈足。通体淡描青花，以双弦纹为边饰，内壁绘杂宝纹，内底绘宝相花纹，外壁绘缠枝花卉纹，足墙绘如意云头纹。外底书"大清嘉庆年制"六字三行篆书款。

杂宝纹流行于明清时期，相对于八吉祥纹而言，所取宝物多而不固定，元代有双角、银锭、犀角、火珠、火焰、火轮、法螺、珊瑚、双钱等，明代又新增祥云、灵芝、方胜、艾叶、卷轴书画、笔、葫芦、鼎、元宝等。

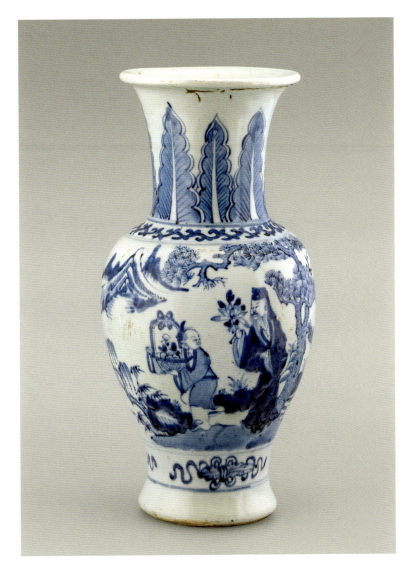

一一一　青花高士图瓶

清嘉庆

高 35.2 厘米，口径 14.5 厘米，腹径 18 厘米，足径 11.5 厘米

喇叭口，厚圆唇，粗长颈，丰肩，弧腹渐收，圈足外撇。通体饰青花，颈部绘蕉叶纹，肩部绘卷草纹，胫部绘杂宝纹。腹部主题纹饰为周敦颐爱莲图，空白处单绘一束兰花，孤芳自赏，寓意高洁。

周敦颐爱莲图也称茂叔爱莲图，茂叔为周敦颐字。元至清代，景德镇窑瓷器上常有爱莲图。

一一二 道光款青花松竹梅盘

清道光

高 4.1 厘米，口径 17.9 厘米，足径 11.5 厘米

撇口，弧腹渐收，内底浅平，圈足。通体饰青花，以双弦纹为边饰，内底绘松竹梅及灵芝瑞草，外壁绘博古人物纹。外底书"大清道光年制"六字三行篆书款。

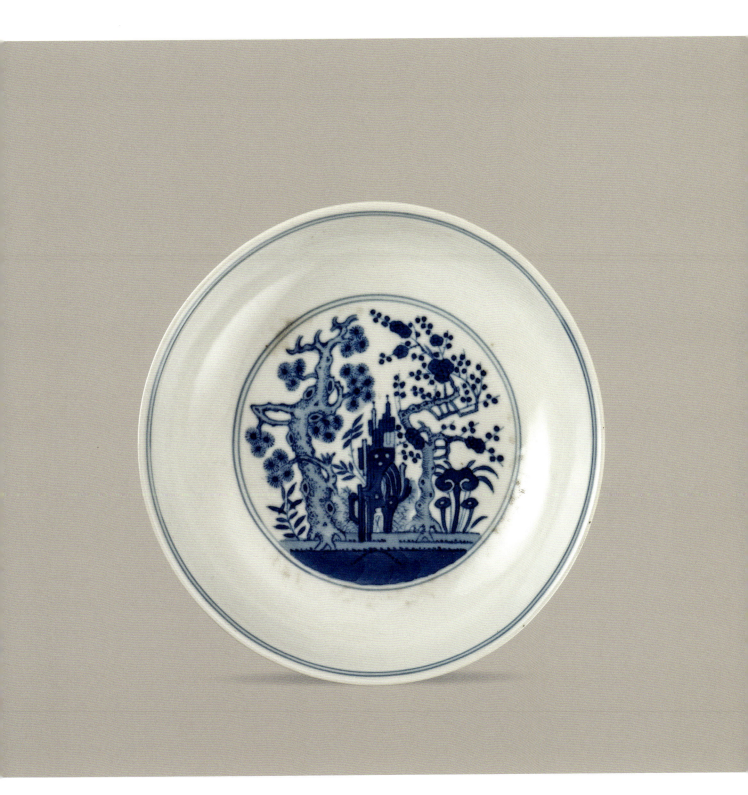

一一三 道光款青花矾红彩莲花纹杯

清道光

高 4.2 厘米，口径 8.1 厘米，足径 3.3 厘米

撇口，弧腹较深，圈足。通体施白釉，外口沿下和近足处饰青花弦纹，外壁以青花矾红彩绘莲纹四朵，叶子为釉下青花，花朵为釉上红彩。外底以青花书"大清道光年制"六字三行篆书款。

一一四 道光款斗彩花卉纹碗

清道光

高 6 厘米，口径 14.8 厘米，足径 5.5 厘米

撇口，弧腹较深，圈足。通体施白釉，以青花双弦纹为边饰，外壁和内底以斗彩绘山石、灵芝、瑞草、花卉纹等。外底以青花书"大清道光年制"六字三行篆书款。

一一五 道光款胭脂紫地轧道粉彩开光山水人物图碗

清道光

高 6.3 厘米，口径 14.5 厘米，足径 6 厘米

敞口，弧腹较深，圈足。器内施白釉，内底绘粉彩宝相花，外壁施胭脂紫釉轧道蔓草纹，其上绘莲花，四面圆形开光内分别绘"踏雪寻梅""携琴访友""寒江独钓""雪夜观书"四图。外底以青花书"大清道光年制"六字三行篆书款。此器造型精美，画工生动，与故宫博物院藏清道光胭脂紫地轧道粉彩开光山水图碗完全相同。

开光又称"开窗"，是指在器物的显著部位以线条勾勒出圆形、方形、菱形、云头形等多种式样的栏框，框内绘各种图案，以突出主题纹饰。

轧道是瓷器的装饰工艺之一，清代景德镇官窑创制。最早见于清雍正朝的珐琅彩瓷器，乾隆朝移植到粉彩器上而成为轧道粉彩。

一一六 道光款粉彩双喜花卉纹碗

清道光

高 9.2 厘米，口径 21 厘米，足径 8.6 厘米

撇口，深弧腹，圈足。碗内和足底施白釉，外壁粉地粉彩满绘双喜纹和缠枝莲花纹。外底以青花书"大清道光年制"六字三行篆书款。

一一七 "慎德堂制"款粉彩蟠桃献寿盘

清道光

高 3.7 厘米, 口径 16.1 厘米, 足径 10.1 厘米

敞口, 浅弧腹, 圈足。盘内粉彩绘蟠桃献寿纹, 外壁绘祥云和九只蝙蝠, 蝙蝠为红彩描金。外底以矾红彩书 "慎德堂制"四字双行楷书款。

"慎德堂"为清康熙、道光年间景德镇瓷器堂名款。道光朝的慎德堂为圆明园的一组建筑, 是道光皇帝在圆明园内生活的行宫。慎德堂制瓷在道光时期以彩瓷为主, 以抹红三字直款和抹红地描金器为贵。

一一八 道光款粉彩五子夺魁图瓶

清道光

高 33 厘米，口径 9 厘米，腹径 18.5 厘米，足径 10.5 厘米

撇口，长颈，丰肩，鼓腹，圈足。器内施松石绿釉，器外饰粉彩。口沿、肩部及近底处描金，并各饰一周如意云头纹；颈部松石绿地粉彩绘缠枝莲花、寿桃，间以两蝙蝠和两金彩"寿"字；腹部白地粉彩绘主题纹饰五子夺魁图；足墙绘蓝色回纹。外底施松石绿釉，中间留白处以矾红彩书"大清道光年制"六字三行篆书款。

一一九 同治款黄地粉彩丛竹纹盘

清同治

高 5.7 厘米，口径 28.3 厘米，足径 17.3 厘米

敞口，浅弧腹，圈足。器内施黄釉，器外施白釉。口沿饰金彩，盘内黄地粉彩绘丛竹纹六层，丛竹纹为绿彩；外壁白地粉彩绘折枝西番莲、莲花、牡丹各一朵。外底以矾红彩书"同治年制"四字双行楷书款。

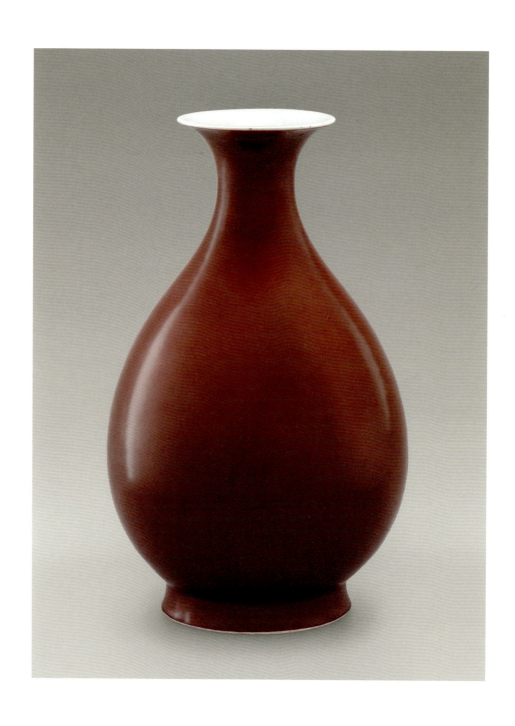

一二〇 光绪款霁红釉玉壶春瓶

清光绪

高 29.5 厘米，口径 9.5 厘米，腹径 20 厘米，足径 12 厘米

撇口，短细颈，垂腹，圈足。胎质细腻。器身施霁红釉，灯草边，器内及器底施白釉。外底以青花书"大清光绪年制"六字双行楷书款。

一二一 "永庆长春"款粉彩花鸟纹蒜头瓶

清光绪

高 36.2 厘米，口径 7 厘米，腹径 24 厘米，足径 14 厘米

圆唇，敛口，长颈，颈上端呈蒜头形，溜肩，圆鼓腹，圈足。瓶体白地粉彩绘紫色海棠花、翠鸟、紫丁香、白丁香。外底以矾红彩书"永庆长春"四字双行楷书款。此瓶花纹以工笔重彩描绘，色泽浓艳，为光绪时期的官样御瓷。

蒜头瓶仿秦汉时期青铜器蒜头壶造型，因瓶口似蒜头形而得名。三国两晋时已见瓷质蒜头瓶，宋代以后各代都有烧制。"永庆长春"为清光绪官窑器吉语款。

一二二 "大雅斋"绿地粉彩紫藤花鸟纹盒

清光绪

高 12 厘米，盖径 16 厘米，口径 15 厘米，足径 10.3 厘米

馒头形盖，子母口，弧腹，圈足。胎白，胎质细腻。内壁及底均施白釉，子母口处不施釉，外壁通体施松石绿釉，釉上以粉彩绘花（紫藤、月季）鸟纹。以矾红彩在盖上书"大雅斋"横排楷书堂款，旁钤椭圆形矾红彩印章，书"天地一家春"五字双行篆书款，外底以矾红彩书"永庆长春"四字双行楷书款。

"大雅斋"瓷为清光绪朝慈禧太后的专用瓷，她的画室即名为大雅斋。

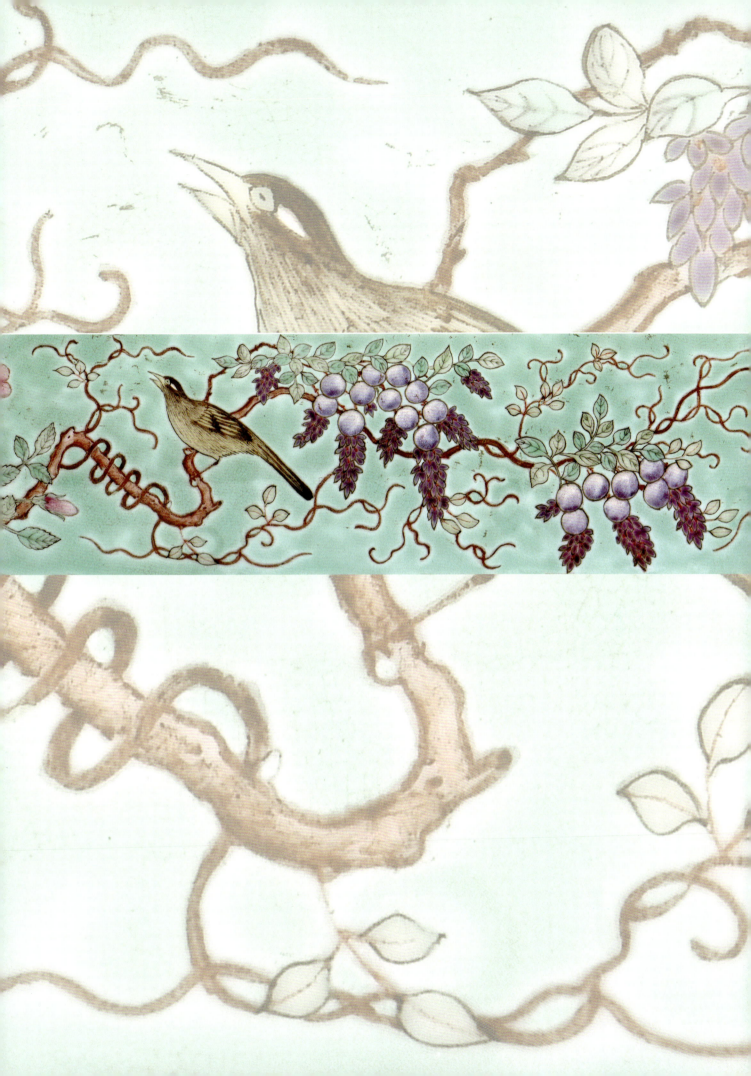

一二三 "辽东李氏祭器"款白釉暗刻云龙纹盘

清

高 4 厘米，口径 19.8 厘米，足径 13 厘米

敞口，尖圆唇，斜弧腹，浅平底，圈足。通体施白釉，内底暗刻云龙纹。外底以青花书"辽东李氏祭器"六字三行楷书款。

一二四 粉彩福寿禄三星图软棒槌瓶

清

高 24.2 厘米，口径 7.2 厘米，腹径 10 厘米，足径 8.5 厘米

撇口，束颈，鼓肩较圆，直筒形腹，腹下略收，圈足。器身施白釉，颈部红彩饰灵芝头一朵，腹部粉彩绘福寿禄三星人物图，砂底无釉。

三星图又称"三星高照图"，三星即福星、寿星和禄星。三星图为传统吉祥图案，瓷器装饰出现于明代中期，流行于清代中晚期。

棒槌瓶因其形似洗衣用的木棒槌而得名，清康熙朝创制，又分为硬棒槌、软棒槌和方棒槌。肩颈处线条较陡直的为硬棒槌，线条柔和的为软棒槌。

一二五 粉彩包袱瓶

清

高 39.5 厘米，口径 11 厘米，腹径 17.5 厘米，足径 13.5 厘米

撇口，束颈较粗，有一圈竹节状凸棱，溜肩，橄榄腹，二层台圈足。除足跟外通体施白釉，肩腹部粉彩绘包袱纹，杂以牡丹、鳜鱼、画戟、谷穗、铜钱等纹样。包袱与"包福"谐音，寓意吉祥。

"柴进簪花入禁院"纹青花盘小考

彭善国 *

图一 "柴进簪花入禁院"纹青花盘

"柴进簪花入禁院"纹青花盘现藏吉林大学考古与艺术博物馆，入藏时间约在20世纪50年代中期。盘通体方形，宽平沿外展，圆唇，折页状（L形）足。宽沿上饰毯形锦地，以4枚白色乳钉间隔。盘内四壁绘湖石花卉，内底绘人物故事纹饰，外四壁绘行龙纹。外底平坦，刮釉一周，中间双线方框内楷书"玉堂佳器"款。口部通长15厘米，底部边长12.8厘米，高4厘米（图一）。

此盘瓷土淘炼欠精，内底一角有明显的釉裂。青花的色调蓝中泛灰，晕染明显；内壁的花草、内底的山石纹、人物的裙端及帽顶的簪花，都存在溢出纹饰轮廓线的现象。这些均是万历，特别是万历晚期民窑青花瓷器的胎釉特点[1]。"玉堂佳器"款出现于万历时期，在晚明的青花瓷上较为常见[2]。据此将这件青花瓷盘定为万历晚期民窑作品应无问题。笔者陋见，考古出土以及传世品中，尚未发现与之相同的作品。

这件青花瓷盘内底的纹饰，描绘的显然是《水浒传》第七十二回，即柴进簪花入禁院的场景，节录如下：

且说柴进离了酒店，直入东华门去看那内庭时，真乃人间天上。但见：

祥云笼凤阙，瑞霭罩龙楼。琉璃瓦砌鸳鸯，龟背帘垂翡翠。正阳门径通黄道，长朝殿端拱紫垣。浑仪台占算星辰，待漏院班分文武。墙涂椒粉，丝

* 本文作者系吉林大学考古学院教授。

[1] 参耿宝昌：《明清瓷器鉴定》，中国文物商店总店，1983年，第141页。王建华：《明代万历朝青花瓷器及梅瓶》，载中国古陶瓷研究会编：《中国古陶瓷研究》第六辑，紫禁城出版社，2000年，第140页。形制相近的出沿四方青花盘亦见于四川省广汉市南兴镇仁寿村明代嘉万时期的瓷器窖藏，参广汉市文物管理所：《四川省广汉市南兴镇仁寿村明代瓷器窖藏》，《四川文物》2014年第5期。

[2] 李正中、朱裕平：《中国古瓷铭文（修订本）》，天津人民出版社，1991年，第104页。

丝绿柳拂飞鸯；殿绕栏楯，簇簇紫花迎步辇。恍疑身在蓬莱岛，仿佛神游兜率天。

柴进去到内里，但过禁门，为有服色，无人阻当。直到紫宸殿，转过文德殿，殿门各有金锁锁着，不能勾进去。且转过凝晖殿，从殿边转将入去，到一个偏殿，牌上金书"睿思殿"三字，此是官家看书之处。侧首开着一扇朱红槅子，柴进闪身入去看时，见正面铺着御座，两边几案上，放着文房四宝：象管、花笺、龙墨、端砚。书架上尽是群书，各插着牙签。正面屏风上，堆青叠绿画着山河社稷混一之图。转过屏风后面，但见素白屏风上御书四大寇姓名，写着道：

山东宋江，淮西王庆，河北田虎，江南方腊。

柴进看了四大寇姓名，心中暗忖道："国家被我们扰害，因此时常记心，写在这里。"便去身边拔出暗器，正把"山东宋江"那四个字刻将下来，慌忙出殿。随后早有人来[3]。

万历瓷器上出现"柴进簪花入禁院"纹样，与这一时期《水浒传》在民间的流行相关。主要活动于万历时期（1573—1620年）的学者胡应麟（1551—1602年），在其《少室山房笔丛》中谈道："今世传街谈巷语，有所谓演义者，盖尤在传奇杂剧下。然元人武林施某所编《水浒传》特为盛行。"[4] 明万历至崇祯是中国木刻版画的黄金时期，这一时期也恰好是《水浒传》刻本最多、版本演变最关键的时期。所刻各本几乎都有数量不等、质量优劣不一的插图[5]。试举三例"柴进簪花入禁院"图像如下。

万历二十二年（1594年）双峰堂余象斗校评《京本增补校正全像忠义水浒志传评林》是现存最早的《水浒传》完整刻本之一[6]，其插图采用了上图下文的连环画样式[7]，其中"柴进簪花、私入内廷"的插图（图二），图

图二　《京本增补校正全像忠义水浒志传评林》插图

[3]（明）施耐庵、罗贯中著，唐富龄标点：《水浒全传》，岳麓书社，2001年，第562、563页。
[4] 胡应麟：《少室山房笔丛》卷四十一《庄岳委谈》，上海书店出版社，2009年。
[5] 刘天振：《＜水浒传＞版画插图研究述略》，《水浒争鸣》第10辑，崇文书局，2008年。
[6]《京本增补校正全像忠义水浒志传评林》第十五卷，文学古籍刊行社据日本日光慈眼堂藏影印，1956年。
[7] 有人认为从上图下文到分章分回插图体现了时间早晚。汪燕岗：《古代小说插图方式之演变及意义》，《学术研究》2007年第10期。

图三　《李卓吾先生批评忠义水浒传》插图

图四　《忠义水浒全传》插图

像既简陋粗略，又与书中描述的细节矛盾。如柴进既未簪花，且背对写有"四寇"的屏风，摆有文房四宝的几案竟被置于屏风之后。也许这正体现了建安刻书插图简率的风格。

约刻于万历三十年（1602年）前后的容与堂本《李卓吾先生批评忠义水浒传》[8]，插图的形式为分章分回，其中的"柴进簪花入禁院"，尽管陈设场景与书中描述相符，但表现的是柴进在观看屏风上的山河社稷混一图（图三），而不是本回的精彩之处——将四寇中的宋江从屏风上剜掉。

万历末年的杨定见序本《忠义水浒全传》中"柴进簪花入禁院"一回的插图[9]，最为详细逼真，按照书中的记载，事无巨细地描绘了睿思殿内的陈设，图中柴进已将"山东宋江"四字剜掉大半（图四）。

吉林大学考古与艺术博物馆所藏的这件万历青花盘，由于盘心面积的局限（12厘米见方），故而集中放大了本回故事的焦点：图中柴进头戴笠帽（似有帽顶），帽两侧簪花，神色紧张；面前屏风上的"宋江"两字，已被挖去。湖石、栏杆本不属于殿内设施，出现在这个场景里，大约是因为画瓷器的匠人更为熟习这种手法而已。瓷盘绘图的表现形式，虽然与前述木刻插图并不相同，但均反映了同一时代出现的图像主题。

瓷器上大量流行《水浒传》人物故事纹饰，是在清康熙朝[10]。明万历似为瓷器上装饰水浒故事的滥觞期，这件"柴进簪花入禁院"纹青花盘，正可谓滥觞期的代表性佳作。它既是研究晚明民窑瓷器的好材料，对于探究《水浒传》故事的社会传播也具有重要意义。

[8]（明）施耐庵、罗贯中著，凌赓等校点：《李卓吾评本水浒传》，上海古籍出版社，1988年。

[9] 陈启明校订：《水浒全传插图》，人民美术出版社，1955年，第70页。杨定见本现藏北京大学图书馆。

[10] 陈润民：《清顺治康熙朝青花瓷》，紫禁城出版社，2005年，第118页。

（原题为《一件"柴进簪花入禁苑"纹青花盘》，载《收藏家》2015年第9期）

吉林大学考古与艺术博物馆藏定窑螭纹洗初探

罗智文 *

吉林大学考古与艺术博物馆藏有一件定窑螭纹洗。该洗唇口微侈，深直腹略斜，近底处旋削内收，下接平底，口沿内外及内底周边刻划回纹一周，内底中心刻划螭纹，芒口、金属釦、余满釉、釉色白中微泛黄[1]。器形、纹饰相同的器物，故宫博物院亦藏一件[2]。关于本件洗的器形、大致年代范围及类似器物，已见前引彭善国、杨梓丹文。然其具体年代及后刻款内涵，仍有待考证之处，故略作此小文，以见教于方家。

一、螭纹洗的年代

本件洗内底刻划团状螭龙纹，其螭龙纹与河北曲阳涧磁岭定窑遗址 A 区第四组地层[3]出土的莲瓣纹碗及六出葵口碗的纹饰几乎完全相同。同类刻花纹饰瓷器在江阴夏港 M1[4]、杭州水晶山宋墓[5]等遗迹皆有出土，其中，曲阳涧磁岭定窑遗址 A 区第四组地层的年代为北宋晚期，江阴夏港 M1 年代大约为北宋晚期，而杭州水晶山宋墓可能是南宋名将刘光世（或刘锜）的墓葬，其年代应为南宋初期。综上所述，这类底部刻划团状螭龙纹的瓷器

年代大约为北宋晚期，长三角地区南宋时期遗迹中出土的类似器物则很有可能是"北人南迁"时带入。金代遗迹，如农安窖藏[6]中亦出土一种团龙纹碗、盘，与此类团状螭龙纹纹饰完全不同，大约体现了不同时代的上层阶级的审美变化。

关于此类瓷器，《百宝总珍集》中有一段颇为珍贵的记录：

> 古定从来数十样，东京乔位最为良，近者粉色皆不好，旧者多是不圆全。古定土脉好，唯京师乔娘子位者最好，底下珠红或碾或烧成乔字者是也。器物底有蚩虎者多好。如有泪痕者多是绍兴年器物，不甚旧[7]。

这段记载透露了当时流通于南宋市场的定窑瓷器有两种，以"乔娘了位"（"乔位"）或底部有"蚩虎"为最佳的"古定"，以及有"泪痕"的"绍兴年器物"。这两种器物，可以认为"绍兴年器物"即金代定窑器物，而"古定"很可能就是北宋时期的定窑瓷器。由该器物的纹饰特征及相关文献记载判断，皆可将此件瓷器的年代定为北宋晚期。

★ 本文作者系吉林大学考古学院 2021 级博士研究生。

[1] 彭善国、杨梓丹：《吉林大学考古与艺术博物馆藏瓷选介》，《文物》2020 年第 4 期。

[2] 故宫博物院：《定窑瓷器》，故宫出版社，2016 年，第 114、115 页。

[3] 河北省文物研究所、北京大学考古文博学院、曲阳县定窑遗址文保所：《河北曲阳县涧磁岭定窑遗址 A 区发掘简报》，《考古》2014 年第 2 期。

[4] 江阴市博物馆：《江苏江阴夏港宋墓清理简报》，《文物》2001 年第 6 期。

[5] 南开大学考古学与博物馆学系、杭州市文物考古所：《杭州市半山镇水晶山一号宋墓》，《考古》2014 年第 9 期。

[6] 吉林省博物馆、农安县文管会：《吉林农安金代窖藏文物》，《文物》1988 年第 7 期。

[7]《百宝总珍集》，《四库全书存目丛书·子部七八》影印明永乐大典本，齐鲁书社，1995 年，第 808、809 页。

二、南宋后刻款定窑瓷器的性质

吉林大学考古与艺术博物馆藏定窑螭纹洗底部有"仲虞"后刻款。定窑瓷器中带有后刻款者，已发现了一定数量。这类刻款皆以砣具加工，字口光滑，笔画平直。本类瓷器主要出土于浙江杭州临安府行在城址中。另外在甘肃巩昌汪氏家族墓地中亦有出土。在台北故宫博物院、上海博物馆及大英博物馆中，亦有此类瓷器的收藏。由其铭刻内容及出土地点可知主要为南宋时镌刻。

临安府行在城址中发现的定窑后刻款瓷器多为残片，且多为采集品，具体出土情况不详。其情况在胡云法、金志伟《定窑白瓷铭文与南宋宫廷用瓷之我见》一文中有系统刊布（下文为行文方便，简称为"胡文"）[8]，另外在邓禾颖[9]、谢明良[10]、舒佩琪[11]诸学者的文章中亦有刊布。据胡文，临安城内出土的后刻款至少包括"殿""奉华""奉□大库""德寿""皇太后殿""寿成殿""寿慈殿""寿""华""东宫""承光""钟秀""婉仪位阁子库""苑""内苑""内司""后苑""德寿苑""厨""官""供大官食合用""婉仪位""婉""才

人位""贵戊""陈位""关位""佳位""符""符厅""陈押班""□秋押班""李惜""□爱夫人""高平郡""汝南郡""太原""信安""荣国""希哲""□□君用十只""集""真""所""芳""春""胡""苏""李""事务""三茅""金膆"等。

值得注意的是，临安城出土一件带有"子温"铭文的瓷片，胡文未考证此人身份，宋名将韩世忠有子名韩彦直，字子温，《宋史》有传，此器有相当可能为韩彦直遗物[12]。"李惜""符""符厅"三件，胡文亦未考证，今按周必大《文忠集》卷一七二《思陵录》记载淳熙十四年（1187年）有太上皇高宗的宫人李惜儿、李惜奴、符盼儿诰命被追毁[13]，以上瓷器可能与其有关。谢明良文[14]中公布了一件"颍川深甫"铭水波双鱼纹碗底，此"颍川深甫"，谢明良考证其可能为南宋时期的谢深甫，然南宋时期官员署款，多数署其字、号，署名者较少，因此此人是否为谢深甫值得考虑，南宋宁宗时期有参知政事许及之，字深甫，《宋史》亦有传[15]，此碗主人更可能是许及之。

---

[8] 胡云法、金志伟：《定窑白瓷铭文与南宋宫廷用瓷之我见》，载《中国古代白瓷国际学术研讨会论文集》，上海书画出版社，2005年，第285—300页。

[9] 邓禾颖：《南宋早期宫廷用瓷及相关问题探析——从原杭州东南化工厂出土瓷器谈起》，《东方博物》第四十二辑，浙江大学出版社，2012年，第16—24页。

[10] 谢明良：《记清宫传世的一件北宋早期定窑白瓷印花碗》，载《陶瓷手记3——陶瓷史的地平与想象》，石头出版股份有限公司，2015年，第85—92页。

[11] 舒佩琪：《鸿禧美术馆藏定窑瓷器》，载《故宫博物院八十七华诞定窑学术研讨会论文集》，故宫出版社，2014年，第303—332页。

[12] （元）脱脱等：《宋史》，中华书局，1977年，第11368页。

[13] 谢明良：《记清宫传世的一件北宋早期定窑白瓷印花碗》，载《陶瓷手记3——陶瓷史的地平与想象》，石头出版股份有限公司，2015年，第85—92页。

[14] 王蓉贵、白井顺点校：《周必大全集》，四川大学出版社，2017年，第1620页。

[15] （元）脱脱等：《宋史》，中华书局，1977年，第12041页。

漳县汪世显家族墓地M4出土的白釉刻划莲花纹折腹盘一对，底部皆有“复古殿”“冬”铭文[16]。本件折腹盘纹饰与上述水晶山宋墓出土平底盘纹饰相似，为南宋初期遗物。复古殿为南宋大内的一座宫殿，建于南宋绍兴年间，端平元年（1234年）重修[17]。漳县汪世显家族墓地M21亦出土一件白釉刻划双龙纹折腹盘，底部有“三正德”铭文[18]。此折腹盘龙纹风格亦与河北曲阳涧磁岭定窑遗址A区第四组地层出土的“尚食局”款碗类似，亦为北宋晚期遗物。“三正德”中“三”字可能为编号，“正德”者，宋元之际有陈正德，官教谕[19]，又有李秉中，字正德[20]，然以上二人身份低微，且无其在杭州活动的记录，恐非此器主，宋乾道、淳熙间有觱篥色德寿宫教坊大使田正德、衙前王正德[21]、教坊大使申正德[22]，此盘或与宫中教坊使有一定关系。这三件瓷器大约是南宋灭亡后自南宋大内掠夺至北方，又流传至巩昌汪氏族人手中。

台北故宫博物院藏四件后刻款器，即印花牡丹纹五花口碗、外刻花莲瓣纹内刻划花莲花纹盘、刻花螭龙纹折沿盘、刻花莲纹钵。印花牡丹纹五花口碗底部有“琅邪深甫”铭文[23]。本件碗谢明良先生有专文考证，或为北宋早期遗物，其主人与上述“颍川深甫”铭水波双鱼纹碗底可能相同，亦为许及之。外刻花莲瓣纹内刻划花莲花纹盘底部有“彦瞻”铭文[24]。此定窑莲瓣纹盘外壁莲瓣纹与涧磁岭定窑遗址A区第四组地层出土敞口盘[25]类似，为北宋晚期遗物。南宋名将杨沂中有孙杨伯嵒，字彦瞻，此盘或为杨伯嵒家族之遗物。刻花螭龙纹折沿盘底部有“寿成殿”铭文[26]。寿成殿为南宋孝宗寿成皇后宫殿[27]。该盘螭纹与上述杭州水晶山宋墓出土者类似，应为北宋晚期遗物。刻花莲纹钵底部有“颍川记”铭文[28]，器形与农安窖藏出土者[29]类似，为金代中晚期器物。其应为一以“颍川”为郡望的高官家族遗物，惜难以考证。

上海博物馆藏素面折腰瓷碗一件，底部有“凤华”铭文[30]。据其器形，大约是宋金时代的器物，但具体年代则难以确定。

大英博物馆藏两件定窑后刻款器，一件为印花盘，

[16] 甘肃省博物馆：《汪世显家族墓出土文物研究》，甘肃人民美术出版社，2017年，第61—63页。
[17]（宋）潜说友纂修：《咸淳临安志》，《宋元方志丛刊》影印清道光十年钱塘汪氏振绮堂刻本，中华书局，1990年，第3359页。
[18] 甘肃省博物馆：《汪世显家族墓出土文物研究》，甘肃人民美术出版社，2017年，第74、75页。
[19]（元）牟巘：《陵阳集》卷三，民国吴兴丛书本，第4a、4b页。
[20]（元）同恕：《送李正德序》，载（元）萧𣂏、同恕、杨奂著，孙学功点校整理：《元代关学三家集》，西北大学出版社，2015年，第147、148页。
[21]（宋）四水潜夫（周密）辑：《武林旧事》，浙江人民出版社，1984年，第59页。
[22]（宋）四水潜夫（周密）辑：《武林旧事》，浙江人民出版社，1984年，第117页。
[23] 台北故宫博物院：《定窑白瓷特展图录》，台北故宫博物院，1987年，第97页。
[24] 台北故宫博物院：《定窑白瓷特展图录》，台北故宫博物院，1987年，第194页。
[25] 河北省文物研究所、北京大学考古文博学院、曲阳县定窑遗址文保所：《河北曲阳县涧磁岭定窑遗址A区发掘简报》，《考古》2014年第2期。
[26] 台北故宫博物院：《定窑白瓷特展图录》，台北故宫博物院，1987年，第175页。
[27]（元）脱脱等：《宋史》，中华书局，1977年，第3273页。
[28] 台北故宫博物院：《定窑白瓷特展图录》，台北故宫博物院，1987年，第30页。
[29] 吉林省博物馆、农安县文管会：《吉林农安金代窖藏文物》，《文物》1988年第7期。
[30] 冯先铭：《中国陶瓷·定窑》，上海人民美术出版社，1983年，第80页。

内壁印花缠枝牡丹纹，内底印一圈回纹，其内有印花荷塘纹，底部有"殿"字铭文[31]，与此件器物相似的瓷器在山东临淄窖藏[32]及安徽濉溪柳孜运河金代中晚期地层[33]均有出土，河北井陉窑遗址亦出土有同类盘模[34]，为金代中晚期遗物。另一件为菊瓣纹印花盘[35]，内壁印菊瓣纹，内底印柳树荷塘禽纹，内底心刻"赵"字，外底心刻"天水郡"字，器形类似，但内底较窄的器物在浙江杭州恭圣仁烈皇后宅水池遗址[36]、北京海淀南辛庄M2[37]有出土，可能为金代早中期器物。"天水郡"为两宋皇室郡望，该器应为南宋宗室所用。

吉林大学考古与艺术博物馆螭纹洗上的"仲虞"后刻款为首次在定窑瓷器中发现，应为某古人之字号。北宋魏王赵元佐之曾孙有名仲虞者[38]，南宋婺源铜川胡氏有胡伯龙，字仲虞[39]，元代晚期台州诗人李廷臣，字仲虞[40]。以上三人中，赵仲虞活动年代较早，在治平二年（1065年）前即亡殁，明显早于生产此器的北宋晚期，胡伯龙无任官之记载，身份较为低微，李廷臣年代又较晚，其时定窑并无流行铭刻的迹象，似皆可排除。因此，"仲虞"为何人，仍是一个有待解决的问题。

三、南宋后刻款定窑瓷器的功能及来源

上述定窑瓷器的款识，多铭刻于定窑瓷器的底部，且带有铭刻的多为北宋晚期定窑刻花器，亦有部分金代定窑刻、印花器。胡文将其性质划分为两组，即瓷器使用主人及瓷器使用单位，并进一步划分为宫殿名称、宫廷官署机构、宫廷后妃、宦官、帝王宗室及后妃外戚五类，笔者则认为包括至少两组三类：

1.宫廷款，多为宫廷内使用，包括两类：

A类为宫室铭文，包括"复古殿""奉华""奉□大库""凤华""寿成殿""殿""德寿""皇太后殿""寿慈殿""寿""华""东宫""承光""钟秀""婉仪位阁子库""苑""内苑""内司""后苑""德寿苑""厨""官""供大官食合用"，皆为南宋临安宫殿、宫殿内衙署、职能机构名。

B类为宫内嫔妃、教坊乐师相关款识，包括"婉仪位""婉""才人位""贵戊""陈位""关位""佳位""陈押班""□秋押班""符""符厅""李惜""□爱夫人""三正德"等。

[31] 大英博物馆官方网站 https://www.britishmuseum.org/collection/object/A_PDF-164。
[32] 淄博市博物馆、临淄区文管所：《山东临淄出土宋代窖藏瓷器》，《考古》1985年第3期。
[33] 解华顶、张海滨：《安徽柳孜运河遗址出土定窑系瓷器研究》，《中原文物》2018年第4期。
[34] 孟繁峰、杜桃洛：《井陉窑遗址出土金代印花模子》，《文物春秋》1997年第S1期。
[35] 大英博物馆官方网站 https://www.britishmuseum.org/collection/object/A_PDF-171。
[36] 杭州市文物考古所：《南宋恭圣仁烈皇后宅遗址》，文物出版社，2008年，第65页。
[37] 北京市海淀区文化文物局：《北京市海淀区南辛庄金墓清理简报》，《文物》1988年第7期。
[38] （宋）王珪：《华阳集》卷三九，清光绪二十五年广雅书局刻武英殿聚珍本，第34b页。
[39] （元）胡炳文：《云峰文集》卷二，明弘治二年墨水蓝氏刻本，第15b页。
[40] （元）顾瑛辑，杨镰等整理：《草堂雅集》，中华书局，2008年，第1054页。

2.宗室、官员私人款,包括"琅琊深甫""颍川深甫""颍川记""彦瞻""子温""高平郡""汝南郡""天水郡·赵""太原""信安""荣国""希哲""□□君用十只"。其中的地名,多为官员家族的郡望。可考证的官员,多为宰执等高级官员,或杨沂中、韩世忠等世家子孙。"仲虞"款大致亦属于此类。另外还有一些性质不明的单或多字款,如"集""真""所""芳""春""胡""苏""李""事务""三茅""金腾"等款,与以上三类款的性质应类似。

关于这类后刻款的功能,从上述几类款识的内容看,应该有两种倾向:

第一种是标明其使用场合及使用者。这一类器物皆为宫廷款。

宫廷款中的宫室名称,是标识其使用场合。其中"苑""殿""内苑""后苑"款瓷器,数量较大,为通用于皇家宫殿与苑圃中的瓷器。其中"殿""苑""后苑"瓷器尚有与数字、姓氏、干支、千字文组合的"殿辛""殿徐""殿库""苑天""苑甲""后苑三"等复合款识,更凸显了这类款识的通用属性。"复古殿""奉华""凤华""寿成殿""德寿""皇太后殿""寿慈殿"等款识,则属于专用款识,标明了其所放置的具体方位。漳县汪世显家族墓地 M4 出土的"复古殿""冬"复合款识甚至标明了这一瓷器是在特定季节、场合使用的。

宫内嫔妃、教坊乐师相关款识则是标明了宫廷中的使用者身份,其中"婉仪位""婉""才人位""贵戊"等亦有通用属性,"贵戊"更是与干支组合的复合款识。"陈位""关位""佳位""陈押班""□秋押班""符""符厅""李惜""□爱夫人""三正德"等则属于专门的嫔妃、教坊乐师所使用。

以上因器物皆属于宫廷,故不具有标明所有者的属性,而是专门界定使用场合的,其中专用款识类瓷器的等级可能高于通用款识类瓷器。

第二种是标明其所有者,宗室、官员私人款全部为这一属性。这一类款识并非宫廷专属,数量较少。

另外,值得注意的是,杭州出土的部分款识,如"殿""三茅"等是铭刻于器壁上的,大英博物馆藏菊瓣纹盘"天水郡·赵"铭文中的"赵"字,甚至是铭刻于盘心的。这类款识影响了器物的美观程度,因此可以推测其实用性可能更强。

这几类款识多集中于以皇室为核心的宫廷中,另有部分为高官、宗室使用,这一特征揭示了后刻款这一形式与宫廷之间的密切联系。同类刻款亦见于汝窑、钧窑[41]、南宋官窑[42]、越窑瓷器[43]及高丽青瓷上。其中,与北人南迁密切相关的北宋定窑、汝窑青瓷,来自榷场贸易与使节往来的金代定窑和钧窑瓷器,以及来自东海彼岸的高丽青瓷,皆揭示了相当一部分后刻款瓷器与外来瓷器的关系。

宋元时期瓷器上大量出现墨书款识,在南海Ⅰ号沉

[41] 舒佩琪:《璀璨钧瓷——由鸿禧美术馆藏钧瓷谈起》,载《故宫博物院八十八华诞钧窑学术研讨会论文集》,故宫出版社,2016 年,第 293—336 页。
[42] 金志伟、胡云法:《南宋官窑刻款瓷器研究浅见》,载《南宋官窑文集》,文物出版社,2004 年,第 208—214 页。
[43] 邓禾颖:《南宋早期宫廷用瓷及相关问题探析——从原杭州东南化工厂出土瓷器谈起》,《东方博物》第四十二辑,浙江大学出版社,2012 年,第 16—24 页。

船[44]、福建福州屏山遗址[45]、山东胶州板桥镇遗址[46]等皆有大量出土。以上的墨书款识有两种倾向，第一种为贸易时标明商家身份及数量的款识，南海 I 号沉船出土的墨书款识即属于此类；第二种为标明使用者身份的款识，如福州屏山遗址、胶州板桥镇遗址出土的大量带有"×置（直）""×宅"或郡望的墨书款识。辽金时期还出现过一种红色标记，多标识瓷器数量[47]，应与商品销售有关。然而只有宗室、官员私人款的功能，与标明使用者身份的墨书款识极为相似；标明其使用场合及使用者的宫廷款，则与之毫无相似之处。要追溯后刻款的来源，需追溯更早后刻款的实例。

类似的以砣具加工陶瓷后刻款的较早实例，见于五代南越国宫署遗址（南汉王宫遗址）出土的瓷器残片[48]。后刻款种类有"掌要局""要""女""卢""昌""官""要""□□要"七种，涉及的窑口有越窑、景德镇窑及疑似定窑[49]，皆为外来窑口。据考证，该类瓷器皆仙"等女性内官身份者，也有标"掌要局"等宫廷机构场合者。其整体特征与南宋后刻款瓷器高度类似，其中必有缘由。

究其原因，与南汉和南宋面临的北方政权的形势有关。南汉境内虽然有相当数量的瓷窑，但烧制的瓷器较为粗糙，难以满足其需要。南汉与以北的马楚、闽国等政权有南岭、武夷山脉阻隔，进口瓷器不易，通过海运进口高档瓷器以满足宫廷需要是唯一的途径。而南宋与北方金国的关系较为紧张，无法通过定制的方式获得北方诸窑口的瓷器，只能以榷场贸易及使节来往的方式获得。获取北方瓷器同样困难，北方瓷器资源短缺的现实，决定了南宋袭五代割据政权之故事，以遣玉工铭刻的方式标明瓷器的身份。同样有后刻款的南宋官窑、越窑瓷器，其上铭文与宫廷款重合度极高，这大约是它们与罕见的北方瓷器处同一套管理体系下，因方便管理之故，而处理方式相同。宗室、官员私人款则是对南宋小朝廷刻款风尚的摹仿，因宫廷属性淡化，标明身份属性占据主流，所以多沿用墨书款识的形制。

南宋中期以后，随着蒙古铁骑的南下，北方窑口的瓷器生产遭到了毁灭性打击，南宋宫廷难以获得。明清宫廷中也有一些后刻款识的现象，如陈设类钧窑瓷器上就有宫殿名刻款，为清宫造办处工匠后刻[50]。这可能与陈设类钧瓷在明代中期以后断烧，难以获得替代品有关，事实上仍然是由于资源短缺导致的。而乾隆时期在宋代瓷器上刻御制诗的行为，则是古稀天子好题跋的体现，与具有实用功能的后刻款已没有什么关系了。

[44] 参见国家文物局水下文化遗产中心等：《南海 I 号沉船考古报告之一——1989—2004 年调查》，文物出版社，2013 年。

[45] 梁如龙：《福州市地铁屏山遗址河沟出土瓷器墨书分析》，《福建文博》2016 年第 4 期。

[46] 青岛市文物保护考古研究所：《胶州板桥镇遗址考古文物图集》，科学出版社，2014 年。

[47] 赵里萌：《浅析金代白瓷上的红色标记》，《文物春秋》2017 年第 2 期。

[48] 李灶新：《广州南越国宫署遗址出土五代十国刻款瓷器研究》，《华夏考古》2020 年第 2 期。

[49] 从底足特征判断，此类瓷器属繁昌窑可能性更大。

[50] 李卫东：《故宫博物院旧藏宫殿名款钧窑瓷器研究》，载《故宫博物院八十八华诞钧窑学术研讨会论文集》，故宫出版社，2016 年，第 361—378 页。

吉林大学考古与艺术博物馆藏清乾隆时期仿生瓷

杨梓丹*

图一　清乾隆粉彩象生瓷果盘　故宫博物院藏

图二　清乾隆象生瓷山子　故宫博物院藏

图三　馆藏清乾隆松石绿釉海棠花式盘

仿生瓷或称象生瓷，是用瓷器去仿制其他材质器物或动植物形象的手工艺制品。清乾隆时期仿生瓷的发展达到巅峰。仿生瓷仿烧的其他材质器物有漆器、金银铜器、玉石器、竹木器；仿制的动植物形象有海鲜、蔬果等，种类多样，不胜枚举。

仿生瓷以清初江苏宜兴紫砂的仿制为开端[1]，乾隆时期登峰造极，其原因主要有以下两点。首先是督陶官唐英的贡献。自雍正六年（1728年）至乾隆二十一年（1756年），唐英在景德镇监造御用瓷器近30年。他初入景德镇时，利用三年时间钻研学习，谢绝外出郊游，与工匠们同吃同住[2]，著《陶成纪事》详细记录景德镇烧造陶瓷器的日常工作与工艺品类。为得乾隆赏识，他不断更新瓷器烧造的工艺技术，仿生瓷便是其中具有代表性的一类。他督造仿制的动植物形象可以假乱真(图一)，仿制的其他材质器物与真品无二(图二)。其次，乾隆对于瓷器工艺技巧的追求前无古人后无来者，这也是仿生瓷在乾隆时期获得极大发展的重要原因。皇帝的审美情趣，对于精巧珍品的追求，都引导了这一时期陶瓷手工艺制品的审美走向。

吉林大学考古与艺术博物馆藏清代瓷器中，有几件乾隆时期景德镇仿生瓷，今择要简介如下。

清乾隆松石绿釉海棠花式盘

圆唇，通体呈海棠花式，平底附四条状矮足。施松石绿釉，器腹及内底雕刻连续的枣花锦[3]、"卐"字纹、花叶纹及回纹组合的锦地，外底施黑釉，可见三个细小支钉痕（图三）。

---

* 本文作者系吉林大学考古学院2018级硕士研究生，现工作于伪满皇宫博物院。

[1] 冯先铭：《中国古陶瓷图典》，文物出版社，1998年，第65页。

[2]《瓷务事宜示谕稿序》。

[3] 以六颗枣核作为花瓣，组成一朵枣花，常见于珐琅、漆器装饰。

此器为仿漆器，模仿的是漆器中的雕漆工艺。在瓷坯上先雕刻出锦地，再施釉烧制，除松石绿釉外，常见的有红釉、蓝釉，外底部施黑釉。此器形制、花纹与上海博物馆藏乾隆仿剔红漆盘[4]相似度极高（图四）。根据清宫档案记载，雍正四年十月二十日"郎中海望持出瓷胎雕漆碗一件"[5]。可见雍正时期已成功烧制此类雕漆器物，发展到乾隆时期，仿生瓷之仿漆器工艺新出现一种仿福建皮漆[6]，器形多为菊瓣盘或带盖杯，小件尤多，以朱红釉为常见，内底金彩题诗，外底施黑釉仿黑漆，金彩书三行六字楷书"大清乾隆仿古"（图五）。

清乾隆仿木釉平沿盆

圆唇，宽平折沿，直腹，平底。通体施仿木纹釉，釉色棕红，足跟底部刮釉，胎色白，胎质坚，配有三足木座（图六）。

仿木釉瓷器雍正时期已经出现，至乾隆时期施釉工艺发展，更为逼真生动，许之衡《饮流斋说瓷》记："乾隆有专仿木制各皿，远望俨然如木，而实为瓷者，名曰'仿木釉'。"[7]此件器物釉面所绘制的仿木釉纹理特征与黄花梨家具表面的纹理特征极为相似（图七）。黄花梨属于豆科植物，也称花榈木、海南檀，作为名贵木材为家具所用最早可追溯至唐代，明代宫廷多有使用。至清代中期，由于宫廷家具木材用量大，而黄花梨产量有限且产地遥远等原因，宫廷家具用材逐渐被紫檀或其他木材取代。若以木器作为盛水器，日久难免变形开裂，以瓷器仿制黄花梨木器，既美观又兼顾实用功能。仿生瓷大多为陈设赏玩器物，因而更显此件难得。

图四　清乾隆仿剔红雕漆盘　上海博物馆藏

图五　清乾隆仿朱漆菊瓣式盘　故宫博物院藏

图六　馆藏清乾隆仿木釉平沿盆

图七　黄花梨的生长纹理

[4] 周丽丽：《清代雍正—宣统官窑瓷器》，上海人民出版社，2014年，第111页。

[5] 中国第一历史档案馆、香港中文大学档案馆：《清宫内务府造办处档案总汇》第二册，人民出版社，2005年，第168页。

[6] 耿宝昌：《明清瓷器鉴定》，紫禁城出版社、两木出版社，1993年，第285页。

[7]（清）许之衡：《饮流斋说瓷》，黄山书社，1992年。

图八 馆藏清乾隆仿木釉桶

图九 清雍正仿木釉缸 故宫博物院藏

图一○ 清道光仿木釉花盆 苏州博物馆藏

图一一 清乾隆仿木釉带座花盆
中国国家博物馆藏

清乾隆仿木釉桶

方唇，筒腹，平底。釉色红棕，绘以黄花梨特有的疖痕纹理，外壁中、下部两处各绘四股绿彩绳纹一圈（图八）。

可与此件馆藏对比之器物，雍正、乾隆、道光时期各一件，且形制相近。雍正时此类器物内壁、外底为白釉，外底篆书"大清雍正年制"款[8]（图九）；道光时内壁亦为白釉[9]（图一○）；乾隆时内外壁皆为木纹釉[10]（图一一），与此件馆藏相似度极高。馆藏清乾隆仿木釉桶，为该时期瓷器研究提供了新资料。

乾隆时期的仿生瓷将陶瓷手工业的工艺水平提高到一个新的台阶。从唐代的绞胎瓷，到宋元时期的兔毫、玳瑁、鹧鸪斑，都是古代匠人对于瓷器仿生寓神于形的一种探索和尝试，直到清代乾隆时期仿生瓷真正达到了真假难辨的程度，但在这一时期，空前的工艺水平造就的作品好像又带走了一大部分匠人自由灵动的艺术创意，实在令人叹息。

[8] 耿宝昌、吕成龙：《杂釉彩·素三彩》，上海科学技术出版社，2009年，第261页。
[9] 苏州博物馆：《苏州博物馆藏瓷器》，文物出版社，2009年，第195页。
[10] 中国国家博物馆：《中国国家博物馆馆藏文物研究丛书·瓷器卷·清代》，上海古籍出版社，2007年，第186页。

吉林大学考古与艺术博物馆藏瓷器概述（汉至元代）

赵里萌*

我国从商周时期起就已经开始烧制原始瓷器，并在东汉晚期制作出了较为成熟的瓷器。到三国两晋南北朝时期，南方的青瓷迅速发展，并形成了几处生产中心，北方的制瓷业则初步建立，新出现了白瓷的烧制。及至唐代，瓷器生产进入繁荣期，在南方，有越窑、长沙窑、寿州窑、洪州窑、邛窑等烧造青瓷的窑场，在北方，有巩县窑、邢窑、定窑等烧造白瓷的窑场，大体上形成"南青北白"的生产格局。宋辽金时期是我国瓷器生产的全面繁荣期，无论生产技术、釉色品种还是生产分布范围都达到了前所未有的高度和广度。除因后世收藏而闻名的汝、官、哥、定、钧"五大名窑"外，当时的主要生产格局是以土烧白瓷的定窑、磁州窑，主烧青瓷的耀州窑、汝窑、龙泉窑，烧造钧釉器的钧窑，烧造青白瓷的景德镇窑，以及主烧黑釉瓷的建窑、吉州窑等构成。此外，在辽、金、西夏控制下的边疆地区，也出现了诸如龙泉务窑、缸瓦窑、江官屯窑、灵武窑这样的地方性窑口。从元代开始，景德镇逐渐成为我国瓷器的生产中心，而龙泉窑、磁州窑等其他南、北方窑场则呈现出最后的繁荣景象。

本图录选介的汉至元时期的馆藏瓷器基本体现了这一时期我国瓷器生产的主要脉络。从粗糙古拙的汉代原始青瓷瓿，到轻薄如纸的定窑印花盘，我们能看到工艺上的巨大进步。从素雅纯净的唐代邢窑双系罐，到满绘花枝的元代磁州窑白地黑花罐，我们能看到装饰上的时代变化。从西晋青瓷鸡首壶，到唐代黄釉执壶，我们能看到器形上的阶段演进。这三十余件瓷器，可以说是从汉至元这一千年来我国瓷器生产的一个缩影。

这批瓷器，从器形来看，有碗、盏、盘、碟、洗、瓶、壶、罐等，以日用饮食器为主，兼有少量明器。从釉色来看，有青釉、白釉、青白釉、钧釉、黑釉、酱釉等，基本囊括了当时的釉色品种。从装饰来看，有素面、跳刀、刻花、划花、印花、点彩、绘彩、剔花、剪纸贴花，各类技法五花八门。从窑口来看，有邢窑、定窑、磁州窑、钧窑、耀州窑、越窑、湖田窑、吉州窑等，产地来自全国各处。

通过对比考古材料，我们可以大体了解这些瓷器使用者的身份和地位。随葬同类青釉四系罐的有隋代的参军尉仁弘，也有唐代的将军宋嘉进。随葬同类邢窑双系罐的有唐朝的宗女李倕。随葬同类双龙柄盘口壶的有唐代的县丞张文俱、朝散大夫陈晖。随葬同类龙泉窑五管瓶的张五娘则是宋代的平民。此外，从近年对宋元时期城址的考古成果来看，以往被藏家珍视的钧窑、定窑瓷器实际上是当时的"大路货"，如馆藏定窑印花盘、钧釉碗的同类器在金元城镇、聚落中被大量使用和消费。几件元代磁州窑白地黑花器更是当时底层民众的日用所需。当然，这批瓷器中也不乏精品，尤以定窑印花翼龙纹盘和定窑螭纹洗为最。其工艺上乘，并以铜釦包边，前者饰以十分少见的翼龙纹，后者外底用砣具刻字填红，可见使用者之珍视。

★ 本文作者系吉林大学考古学院博士后。

参考文献

冯先铭：《中国古陶瓷图典》，文物出版社，1998年。

冯先铭：《中国陶瓷》，上海古籍出版社，2001年。

高峰：《唐代席纹黄釉执壶装饰技艺浅说》，《文物》1999年第4期。

高义夫：《北方唐墓出土瓷器的考古学研究》，吉林大学博士学位论文，2019年。

耿宝昌：《明清瓷器鉴定》，紫禁城出版社、两木出版社，1993年。

耿宝昌：《故宫博物院藏文物珍品大系·青花釉里红》，上海科学技术出版社、商务印书馆（香港），2000年。

耿宝昌、吕成龙：《故宫博物院藏文物珍品大系·杂釉彩·素三彩》，上海科学技术出版社、商务印书馆（香港），2009年。

故宫博物院：《故宫博物院50年入藏文物精品集》，紫禁城出版社，2005年。

郭学雷：《明代磁州窑瓷器》，文物出版社，2005年。

江西省文物考古研究所等：《景德镇湖田窑址：1988—1999年考古发掘报告》，文物出版社，2007年。

李辉柄：《故宫博物院藏文物珍品全集·晋唐瓷器》，商务印书馆（香港），1996年。

龙泉市博物馆：《比德尚玉——龙泉青瓷博物馆馆藏精品图录》，西泠印社出版社，2014年。

吕章申：《中国国家博物馆藏古代瓷器》，安徽美术出版社，2016年。

彭善国：《吉林大学考古与艺术博物馆藏明清青花瓷器选介》，《文物》2016年第8期。

彭善国：《吉林大学考古与艺术博物馆藏明清彩瓷选介》，《文物》2018年第1期。

彭善国、杨梓丹：《吉林大学考古与艺术博物馆藏瓷选介》，《文物》2020年第4期。

天津博物馆：《天津博物馆藏瓷》，文物出版社，2012年。

王莉英：《故宫博物院藏文物珍品大系·五彩·斗彩》，上海科学技术出版社、商务印书馆（香港），2007年。

许绍银、许可：《中国陶瓷辞典》，中国文史出版社，2019年。

杨桂梅、张润平：《中国瓷器简明读本》，新华出版社，2016年。

杨静荣：《故宫博物院藏文物珍品全集·颜色釉》，商务印书馆（香港），1999年。

杨培钧：《陕西历史博物馆珍藏·陶瓷器》，陕西人民美术出版社，2003年。

杨梓丹：《吉林大学考古与艺术博物馆藏陶瓷器的整理与初步研究》，吉林大学硕士学位论文，2020年。

叶佩兰：《故宫博物院藏文物珍品全集·珐琅彩·粉彩》，商务印书馆（香港），1999年。

中国硅酸盐学会：《中国陶瓷史》，文物出版社，1982年。

中国国家博物馆：《中国国家博物馆馆藏文物研究丛书·瓷器卷·清代》，上海古籍出版社，2007年。

图书在版编目(CIP)数据

吉林大学考古与艺术博物馆馆藏文物丛书. 瓷器卷 /
吉林大学考古与艺术博物馆编;唐淼主编;杨平,陈秋
丽副主编. —上海:上海古籍出版社,2021.11
　ISBN 978-7-5732-0095-2

　Ⅰ.①吉…　Ⅱ.①吉…②唐…③杨…④陈…　Ⅲ.
①吉林大学-博物馆-文物-介绍②瓷器(考古)-介绍-
中国　Ⅳ.①K87②K876.3

中国版本图书馆CIP数据核字(2021)第221789号

吉林大学考古与艺术博物馆馆藏文物丛书·瓷器卷

吉林大学考古与艺术博物馆　编

唐淼　主编

杨平　陈秋丽　副主编

上海古籍出版社出版发行

(上海市号景路159弄A座5层　邮政编码201101)

(1)网址:www.guji.com.cn

(2)E-mail:guji1@guji.com.cn

(3)易文网网址:www.ewen.co

上海雅昌艺术印刷有限公司印刷

开本889×1194　1/16　印张17.25　插页4

2021年11月第1版　2021年11月第1次印刷

ISBN 978-7-5732-0095-2

K·3058　定价:280.00元

如有质量问题,请与承印公司联系